Un Chevalier Mystique au Cœur Couronné

Guide Pratique du Guerrier Spirituel

Publié par « La Chevalerie Mystique du Cœur Couronné »
En collaboration avec F.Lepine Publishing
http://www.MysticKnight.org
Édition 2008
ISBN 978-0-9810613-0-6

« Un Chevalier Mystique est une personne engagée dans une bataille intérieure. L'issue de cette bataille intérieure est toujours l'amélioration de soi. Un jour, un groupe de Chevaliers Mystiques croira à la nécessité de se battre. Ce jour signifiera le début de la fin pour la Chevalerie Mystique. Jusqu'à ce jour, apprenez à bien vous battre, suffisamment bien pour savoir comment vous détourner d'un combat. »

- François Lépine

Table des Matières

Le Chevalier Mystique 7
La Chevalerie Mystique 9
   … au Cœur Couronné 10
Le Code de la Chevalerie Mystique 15
L'Entraînement 25

Le corps d'un chevalier 27
   POURQUOI LE FAISONS-NOUS 27
   ENTRAÎNEZ-VOUS DUREMENT POUR VIVRE FACILEMENT 30
   COMMENT S'ADAPTE LE CORPS 31
   POUR COMMENCER 35
   ENTRAÎNEMENT CARDIOVASCULAIRE 38
   ENTRAÎNEMENT EN INTERVALLE 46
   ENTRAÎNEMENT EN RÉSISTANCE 49
   SÉRIES ET RÉPÉTITIONS 51
   SÉLECTION D'EXERCICES 54
   DESCRIPTION DES EXERCICES 71
   NUTRITION 97
      RECETTES 127

Le mental d'un Chevalier 155
   Entraînement mental 160
   Reconnaître la vérité 164

    Observer le volcan 168

    Résoudre un problème 172

L'Esprit d'un Chevalier 177

    Respiration normale et inversée 177

    Méthode de condensation du Qi radial 183

    Sentir le courant du Qi 188

    Petite et grande circulation 192

    Implication 195

    Karma et Dharma 198

    Mudras de base pour les mains 201

Arts Martiaux 207

La Chevalerie Mystique en Détail 213

    Logo, sigle et décret 213

    Logo vs. sigle 216

    Sigle du Chevalier Mystique 218

    Logo de la Chevalerie 219

    La méditation du Chevalier Mystique 220

    Le rituel du Chevalier Mystique pour la protection et le support spirituel 226

    Hiérarchie et avancement 237

    Cellules et endroits de rencontre 240

Termes et Conditions 245

Le Chevalier Mystique

Un Chevalier Mystique est un type de guerrier spirituel. C'est un sentier personnel composé d'arts martiaux et de développement spirituel. Il existe plusieurs types de guerriers spirituels. Certains sont des ermites, d'autres des artistes. Le trait commun aux Chevaliers Mystiques est le guerrier spirituel qui vit en société et qui garde un cœur vertueux dans ses relations avec cette société. Un Chevalier Mystique est vertueux et honorable. Il/elle se comporte de manière intègre et choisi toujours d'agir avec justice avant toute autre option possible. Cela ne peut être réalisable qu'en se connaissant soi-même et en sacrifiant le désir égoïste de victoire au profit d'actions qui feront en sorte que la justice prévaudra.

Le chemin du Chevalier Mystique est un développement physique, mental et spirituel sans fin. Choisir de marcher dans ce chemin améliorera votre vie, vous procurant de grandes capacités et une grande confiance en vous. Il vous aidera à acquérir des sens aiguisés, à la fois physiques et mystiques. Vous connaîtrez votre véritable valeur, développerez un esprit vif, des capacités physiques étonnantes ainsi qu'une énergie spirituelle inconnue des simples guerriers. Il n'est pas nécessaire de faire partie d'un groupe ou d'une organisation, quoique d'étudier et de pratiquer au sein d'un groupe partageant les mêmes objectifs et aspirations que vous peut s'avérer très encourageant et bénéfique.

Pour devenir un Chevalier Mystique, vous devez travailler sur plusieurs aspects de vous-même simultanément. Vous devez prendre soin de votre corps grâce à une bonne nutrition et un entraînement physique. Bien qu'une pratique religieuse ne soit pas requise, vous devez également vous développer intérieurement, spirituellement. Il est recommandé de pratiquer un art martial de votre choix, combinant à la fois l'entraînement physique et mental.

Progresser est la partie la plus importante. Peu importe votre niveau actuel de force, de compétence ou de spiritualité, l'objectif premier est de marcher dans le chemin du Chevalier Mystique au niveau auquel vous vous trouvez actuellement, et de vous exercer afin de devenir meilleur. Vous êtes totalement libre de la vitesse à laquelle vous progresserez sur le chemin, et jusqu'où vous irez.

Les Chevaliers Mystiques respectent habituellement un code. Certaines règles sont rigides, montrant la voie sans questionnement, alors que d'autres sont plus flexibles, exigeant un certain niveau de sagesse afin de les appliquer. Ce code sera présenté plus loin dans ce livre. Il n'en tiendra qu'à vous de l'interpréter sagement, d'en découvrir la véritable valeur et de comprendre ce que signifie que d'être un Chevalier Mystique.

La Chevalerie Mystique

Joindre un groupe de Chevaliers n'est pas obligatoire. En fait, la règle de base pour celui ou celle qui veut marcher sur ce chemin est d'être totalement responsable de son propre développement. La véritable force de l'esprit se développe lorsque les décisions sont prises seul, sans encouragement provenant de l'extérieur. Parfois cependant, nous avons besoin d'encouragement. La véritable force du cœur se développe lorsque des principes vertueux sont maintenus malgré l'opinion de la majorité, parfois même malgré nos propres désirs. Toutefois, il arrive que nous ressentions le besoin de sentir que nous faisons partie d'un groupe de personnes qui partageant les mêmes émotions.

À d'autres moments sur le chemin de la maîtrise de soi, quelqu'un peut avoir besoin de conseils et de ressources. La Chevalerie Mystique se voue à cette tâche, offrant l'entraînement nécessaire afin de permettre à quelqu'un d'augmenter ses capacités physiques, mentales et spirituelles. Nous existons afin de vous guider sur ce chemin et vous offrir une camaraderie lorsque vous traversez des moments difficiles de votre vie. Guidés par les principes vertueux de notre Code sacré, nous vivons nos vies pour l'amélioration de la communauté. La Chevalerie Mystique existe afin d'offrir la guidance à ceux qui sont engagés dans leur développement personnel au niveau physique, mental et spirituel, le tout au même endroit. Notre objectif est de servir d'exemple de réussite au niveau des accomplissements personnels, vivant nos vies au service du monde qui nous entoure.

La Chevalerie Mystique au Coeur Couronné est un groupe de gens qui joignent leurs forces afin d'encourager et de guider ceux qui s'engagent sur le chemin du Chevalier Mystique. Bien qu'un certain niveau d'entraînement soit suggéré, un Chevalier Mystique devrait se préoccuper lui-même de son propre entraînement, dans la spécialité de son choix. Quoique les arts martiaux soient un bon choix, le type d'entraînement physique appartient au Chevalier. De même, bien qu'un développement spirituel soit requis, le choix des croyances et de la foi du Chevalier lui appartient exclusivement. Aucune indication ne sera donnée pour inciter qui que ce soit dans quelque direction que ce soit. Le Chevalier doit choisir lui-même son propre chemin.

... au Cœur Couronné

Plusieurs centaines de Chevaleries Mystiques ont existé au fil des siècles. Bien qu'aucune ne soit désignée précisément par le nom de « Chevalerie Mystique », les mots « Chevalerie » et « Mystique » apparaissent souvent dans leur nom. Nous faisons référence à nous-mêmes comme étant la « Chevalerie Mystique », mais pour nous différencier des autres chevaleries qui ont existé avant la nôtre, le nom officiel de notre Ordre est la « Chevalerie Mystique au Cœur

Couronné », faisant référence à notre objectif qui est de développer un cœur pur d'Humilité, de Force, de Justice et de Compassion.

Il fut un temps où les chevaliers étaient ainsi proclamés par la royauté, et seulement par une telle proclamation quelqu'un pouvait-il devenir un chevalier, puisque c'était Dieu qui plaçait les rois et les reines sur le trône, et seulement une intervention divine pouvait qualifier quelqu'un pour protéger et servir la famille royale. Ainsi, les chevaleries étaient formées de groupes de chevaliers, servant toutes sous le roi ou la reine d'un pays. Aujourd'hui, il ne subsiste que très peu de sociétés monarchiques, nous nous souvenons de la valeur et de la puissance que représente le chevalier. Le chevalier est un symbole d'un idéal à atteindre.

Ainsi se format un groupe de personnes qui désirait partager cette opportunité avec autrui de manière à ce que tous puissent aspirer à cet idéal, personnifié par un chevalier, au service de la justice et de la Compassion. La Chevalerie Mystique au Cœur Couronné fut établie en 2004. Offrant entraînement et support à nos membres, nous encourageons l'entraînement physique, mental et spirituel, et l'adoption d'un code de conduite que nous appelons « Le Code », qui est un guide de valeurs (qui ne va pas à l'encontre du code légal de votre pays).

Tous les Chevaliers ne désirent pas se joindre à un groupe ou une confrérie. Qu'est-ce qui pourrait inciter quelqu'un à se joindre à un tel groupe? Voici quelques raisons qui pourraient vous aider à décider si vous désirez vous joindre à un groupe ou plutôt de vous entraîner seul.

L'entraînement d'un chevalier vise à développer tous les aspects de soi : le corps, le mental et l'esprit. Vous avez peut-être certaines questions à propos d'un aspect et vous voulez être sûr de la compétence de la personne qui répondra. Pour développer la confiance, nous prenons habituellement le temps de connaître quelqu'un. Par contre, en ce qui concerne le partage d'information, nous pouvons vouloir obtenir la réponse immédiatement. Ainsi, nous avons besoin d'un moyen d'identifier les sources d'information fiables. Sans adhérer aux concepts de compétition ni de comparaison, la Chevalerie Mystique utilise un système de niveaux qui assure qu'un individu a obtenu un certain niveau d'expérience sur le chemin qu'il a choisi. Ces titres sont de nature philosophique et ne sont pas décernés aléatoirement. Un Chevalier doit gagner tous ses titres, ce qui assure une crédibilité à notre système.

Chaque nouveau membre de la Chevalerie recevra de la guidance dans ses entraînements de la part des membres plus expérimentés. Lorsque nous parlons d'expérience, nous voulons parler de sa réelle expérience en tant que Chevalier, peu importe la date d'adhésion de ce membre à la Chevalerie. Nous offrons un moyen de communication, un endroit de rencontre, mais chaque Chevalier marche sur son propre chemin et son expérience compte davantage que ses titres.

Il existe également un phénomène que nous pourrions appeler « égrégor ». Les intentions cumulatives de tous les membres qui cherchent à atteindre leurs objectifs de développement personnel encourageront consciemment et inconsciemment le développement de chaque membre, l'énergie mentale et spirituelle agissant de manière synergique. Ceux qui le souhaitent peuvent faire un rituel qui renforce ce lien avec les autres membres du groupe.

Nos membres peuvent afficher des demandes d'assistance. Cela peut être une demande d'assistance en entraînement, ou d'aide pour la guérison. Peu importe le cas, le mandat de nos Chevaliers-Prêtres est d'assister au niveau spirituel, afin de vous assister dans votre quête. D'autres membres avancés tenteront de répondre à vos questions, ou de vous offrir de l'assistance dans vos pratiques.

Notre approche multiculturelle respecte les traditions de chacun de ses membres, occidentale ou orientale, ainsi que leurs croyances culturelles, religieuses et spirituelles. Aucun des Chevalier ne jugera les croyances d'autrui qui ne sont pas leurs. Nous encourageons également l'ouverture d'esprit afin d'essayer de comprendre la base de toutes les croyances spirituelles ainsi que des différents arts martiaux.

Bien qu'un Chevalier soit responsable de son propre entraînement, nous offrons des programmes d'entraînements qui conviennent aux membres souhaitant s'entraîner seuls ou en groupes. Ces suggestions d'entraînement existent pour aider les nouveaux chevaliers ainsi que ceux plus expérimentés.

Ce qu'est notre Chevalerie...

Entraînement
Études
Intégrité
Développement de soi
Entraide

Ce que notre Chevalerie n'est PAS...

Jeu de rôle
Fantaisie
Jeu de pouvoir
Comparaison
Jugement

Se joindre à la Chevalerie Mystique n'implique rien d'autre que le partage de vos expériences avec autrui. Ceux qui souhaitent créer des liens solides peuvent le faire et ceux qui préfèrent cheminer seuls sont accueillis avec joie. Vous pourrez obtenir plus de détails sur le site web : http://www.MysticKnight.org .

Plus d'information à propos de la Chevalerie Mystique disponible à la fin du livre.

Le Code de la Chevalerie Mystique

Humilité
au service de la Force
au service de la Justice
au service de la Compassion

Notre « Code » est un guide plutôt qu'un ensemble de règles strictes. Chaque membre est encouragé à appliquer les principes vertueux du code selon sa propre interprétation, et de demeurer ouvert d'esprit à d'autres possibilités d'interprétation. Nous vous encourageons à incorporer graduellement le « Code » dans votre comportement quotidien.

Voici les principes sur lesquels se fonde notre code. Pour ceux qui se joignent à la Chevalerie Mystique, tous les Novices devraient étudier le code alors que tous les Chevaliers devraient agir selon le Code.

Humilité

Sans humilité, nous restreignons notre potentiel de croissance. Peu importe le niveau de force que nous croyons avoir atteint, nous n'en reconnaîtrons aucune partie si l'individu n'est pas humble. L'humilité nous enseigne que peu importe la grandeur d'un individu, il ne s'agit tout de même que d'un individu (homme ou femme). Tous et chacun avons besoin des autres à des degrés divers. Peu importe combien une personne est merveilleuse, peu importe combien elle est puissante, cette personne n'est ni mieux ni pire que nos autres frères et sœurs. Lorsque quelqu'un cultive cette vertu qu'est l'humilité, cette personne peut alors comprendre ses propres forces et faiblesses. Cela lui permet de mieux comprendre son rôle au sein de la Chevalerie, mais encore plus dans sa vie quotidienne. Lorsque quelqu'un est ignorant de ses propres faiblesses, il se prive d'un énorme potentiel de force en rendant ses faiblesses encore plus vulnérables. Par le biais d'une compréhension empreinte d'humilité, quelqu'un peut en arriver à comprendre et enfin atteindre les véritables réserves de force qui lui sont disponibles.

Force

La force suit, étant nourrie par l'humilité. La force est la fondation du pouvoir. Elle nous permet d'agir. Lorsqu'une personne manque de force de caractère, de corps ou de cœur, toutes ses actions sont faibles. Lorsqu'une personne est forte, toutes ses créations, tous ses mots, tous ses gestes émanent la puissance. Ils sont stables et précis. La force est l'outil de la justice. Lorsque quelqu'un essaie de servir la justice sans force, ses actions sont faibles, sans réel effet bénéfique, souvent provoquant plus de mal que de bien. Lorsque vous choisissez sur le chemin de la Justice, vous devez cultiver la force. Cultivez-la chaque jour, peu à peu. Si vous deviez en venir à servir la justice, vous ne devez pas hésiter ni trembler ; vous devez pouvoir agir immédiatement. La justice servie avec faiblesse provoque en fait plus de tort que de bien, non seulement à vous-même, mais à la communauté en général. La force peut se manifester dans la justesse de votre propos, dans la ruse de votre mental, dans l'affrontement de vos peurs, dans le tonus de vos muscles. La force est la vertu qui nous permet d'agir. La force permet la liberté.

Justice
La justice dirige le Coeur d'un Chevalier. Né de la force, vous êtes au service de quelque chose de plus grand que vous. Vous cherchez à contribuer sainement à la communauté, même au monde, grâce à la puissance de vos actions. Pour servir la justice, vous devez comprendre que tous ne sont pas forts. Vous tentez d'apaiser une situation, non pas de la rendre chaotique. En vous opposant à la tyrannie, en alertant les autorités lorsque vous voyez des actions injustes, vous servez la justice. La justice, elle, sert la compassion.

Le Code se fonde sur cette réalité. Vous devez pouvoir percer le regard des autres. Si vous n'aimeriez pas devoir endurer ce que les autres sont forcés d'endurer, vous devriez poser les gestes nécessaires pour améliorer la situation. Par-dessus tout, vous devez utiliser votre bon sens. Si vous agissez de manière trop téméraire pour servir la justice, vos efforts peuvent être tordus pour finir par enchaîner et nuire encore davantage à ceux-là mêmes que vous tentez d'aider. Vos actions ne devraient pas être plus téméraires que vous n'êtes fort. Connaissez vos faiblesses. La justice envers vous-même est la liberté d'agir. Envers les autres, c'est le respect de leurs choix, même si vous n'êtes pas d'accord.

Compassion

La justice est mue par la compassion. La compassion est une compréhension aimante de l'expérience humaine. Elle dévoile les leçons cachées derrière ce qui semble être de la douleur. La compassion verse de la lumière sur la colère et la peur. Sans compassion compréhensive, les autres vertus s'effondrent. Sans compassion, nous interprétons de manière erronée la justice et aveuglons notre propre cœur. Nous devons comprendre le point de vue de tous ceux qui sont impliqués et agir en conséquence. C'est le genre de compassion qui alimente les feux de la Chevalerie. Les choses ne sont pas toujours aussi claires et nettes qu'elles le semblent au départ. Il faut un développement constant de la compassion, avec un amour inconditionnel, afin de voir de manière objective et non biaisée. Grâce au développement de la compassion, nous comprenons comment servir la justice et comment appliquer notre force. La compassion, malgré toute sa puissance, sert l'humilité, et nous bouclons ainsi la boucle. Nul ne peut avoir de compréhension totale de toutes les situations. Vous ne saurez jamais tout ce qu'il y a à apprendre sur la compassion. Votre compréhension ne sera jamais complète. Ceci nous ramène à l'humilité.

Nous devons être patients et agréables avec nous-mêmes, compatissants, et comprendre que nous avons encore des choses à apprendre. Nous avons encore des choses à faire. Le chemin de ceux qui désirent devenir Chevaliers peut parfois être difficile, puisque nous n'avons jamais terminé. Nous devons constamment polir notre caractère, bâtir notre force, servir la justice, développer de la compassion et avoir suffisamment d'humilité pour accepter que nous ne pouvons sauver le monde seul, et que nous avons aussi nos propres faiblesses et travers.

Voici les vertus sur lesquelles notre Code repose. Il existe de nombreuses autres qualités à développer afin de parvenir à une meilleure compréhension de ces vertus. Chaque vertu que vous développez vous apportera davantage de puissance dans votre vie quotidienne. Chaque vertu peut être développée à l'infini. Nous vous demandons d'œuvrer au développement de chacune d'elle au fil du temps.

Les voies les plus directes et les plus puissantes menant au pouvoir sont le développement de vertus. Vos corps énergétiques manifestent constamment selon le type de personne que vous êtes. Lorsque vous développez des vertus, votre système énergétique est plus puissant que si vous faisiez des rituels et des pratiques spirituelles, même de manière constante. En développant des vertus, c'est un peu comme si vous étiez dans un état permanent de méditation, de rituel, de contemplation face aux beautés de ce monde. Avec les vertus, vous êtes dans un état de pouvoir permanent envers l'Univers, et l'Univers obéit à ceux qui ont développé les moyens de le commander.

Bien qu'il existe plusieurs vertus, voici une brève description des sept principales vertus qui ont un impact direct avec les sept aspects de notre évolution. Certaines reprennent des parties de notre Code.

Tempérance
Ne vous abandonnez pas à la colère. Ne vous abandonnez pas non plus au jugement. Soyez compatissant. Supportez la pression lorsque cela peut aider autrui à découvrir l'Amour. Souriez et soyez heureux de ce que la vie vous offre. Acceptez votre rôle dans l'Univers, et oeuvrez de manière à le découvrir. Ne soyez pas susceptible. Ne prenez rien de manière personnelle. Prenez soin de bien choisir vos mots lorsque vous répliquez à une offense. Lorsque les gens vous offensent, dites-leur que vous êtes désolé si vous les avez offensés.

Justice

Intégrité, honnêteté, vérité. Agissez selon ce que vous savez être bien. Faites de votre mieux pour respecter les lois humaines de votre pays. Au-delà de cela, agissez de manière à être le plus en symbiose avec les lois de l'Univers. Comprendre ces lois peut prendre un certain temps, mais nous savons tous, au plus profond de nous, ce qui est bien ou mal. Ne prenez pas de décisions qui pourraient vous mener à abuser. Ne vous laissez pas abuser par qui que ce soit. Acceptez de récolter moins lorsqu'il est juste d'agir ainsi, et défendez votre droit de profiter lorsqu'il est juste d'agir ainsi.

Force

Bougez! Ne vous arrêtez pas à moins que cela ne soit nécessaire. Soyez déterminé à agir paisiblement. Exercez-vous physiquement afin d'améliorer votre force physique. Ensuite, transposez ce sentiment de puissance à un niveau supérieur, en utilisant l'analogie comme outil. Cela vous aidera à comprendre le symbolisme mystique de la force intérieure, ou du pouvoir intérieur.

Foi

L'Univers, le grand Amour de l'Univers, prendra soin de vous. Sachez que vous êtes ni plus ni moins dans une salle de classe, au cœur d'une expérience d'apprentissage afin de vous maîtriser vous-même. Réalisez tous vos projets avec l'assistance de Dieu. Prenez soin des projets de Dieu, et Dieu prendra soin de vos projets d'humain. Dieu est sans forme, sans nom, sans identité définie. Il est la Vérité absolue de l'Univers, et il vous aime. Vous n'êtes jamais seul. Ainsi, tout ira bien.

Charité

Donnez aux autres sans espoir de retour. Ne vous attendez pas à recevoir quelques reconnaissance ou remboursement que ce soit. Donnez sans attentes. Cela dit, ne vous ruinez pas non plus. Ne donnez pas vos moyens physiques de subsistance; cela ne serait pas prudent. Donnez de votre temps, donnez de la compassion, prenez soin d'autrui, et prenez soin de vous par le fait même. Aimez pour la seule raison d'aimer. Accordez-vous l'opportunité d'aimer autrui davantage qu'hier. Prenez soin de votre propre cœur par le fait même, et ne jouez pas le jeu du « sauveur ».

Prudence

Réfléchissez avant d'agir. Développez la confiance, et développez un sens des responsabilités. Soyez certain de ce que vous faites. Soyez prudent et ne négligez aucun détail. Ne croyez pas que rien n'ira de travers, voyez-y personnellement. Étudiez, mettez tout en place, et contre vérifiez. Ensuite, agissez. Ne vous arrêtez pas à cause de la peur, l'hésitation n'est pas synonyme de prudence.

Espoir

Une manière évoluée de conserver une attitude positive, l'espoir est une forme plus tangible de foi et de confiance en soi. Il s'agit de la détermination de ne jamais céder à la négativité, de ne jamais jouer à la victime des événements qui façonnent votre vie. Souriez, faites-vous confiance, soyez positif et sachez que tout ira bien. Il est facile de garder cette attitude bien vivante en vous lorsque vous savez, au plus profond de vous-même, que tout événement qui semble négatif n'est en fait qu'une leçon à apprendre et à traverser, l'expérience d'une connaissance supérieure qui vous est envoyée par votre conscience supérieure.

L'Entraînement

L'entraînement d'un Chevalier Mystique est fait en groupe ou seul, chacun utilisant ses propres moyens. Consultez chacun des champs d'entraînement ci-dessous (corps, mental, esprit et arts martiaux) et exercez-vous, seul, à faire les pratiques qui sont proposées. Une fois que vous êtes membre, de nouvelles techniques d'entraînement seront disponibles à vous selon votre niveau dans la Chevalerie. Vous pouvez vous entraîner dans les domaines dans lesquels vous vous sentez plus confortable, mais vous devriez tout de même avoir une certaine connaissance (même de base) de toutes les techniques offertes à votre niveau, dans toutes les sphères d'entraînement.

La Chevalerie Mystique ne fournit pas d'infrastructure officielle ni d'endroit de rencontre physique. Il s'agit de la responsabilité de chaque membre ou groupe de membres de déterminer l'endroit de leurs entraînements. Le site web est la source principale d'information et sert de lien de communication entre les membres qui sont éloignés les uns des autres. Les artistes martiaux devraient suivre des cours dans une école d'arts martiaux près de chez eux.

Corps
Le corps d'un Chevalier Mystique est son temple, sa maison. Une attention doit lui être apportée afin de le garder en santé au moyen d'une bonne nutrition et d'exercices physiques. Dans cette section,

nous vous présentons des règles de bases d'une bonne nutrition ainsi que des informations portant sur le développement physique.

Mental

Nous vous suggérons d'exercer votre ruse soit en étudiant divers sujets, ou en jouant à des jeux mettant vos capacités mentales à l'épreuve. Plus vous étudiez, plus connaissant vous deviendrez dans divers domaines, soit en sagesse ou en applications techniques.

Esprit

Le développement spirituel est la clé pour devenir un Chevalier Mystique. Avec le temps, cela vous aidera à développer la perception extra-sensorielle, mais d'abord, il préparera le terrain pour l'amélioration de votre spiritualité. Développer votre spiritualité développera aussi votre concentration.

Arts Martiaux

La pratique des arts martiaux est l'outil ultime dans l'intégration de tous les autres aspects menant au développement du Chevalier Mystique. Il aura des effets sur votre corps, votre mental et votre esprit. N'importe quel type d'art martial peut être pratiqué. Nous vous suggérons de trouver une école près de chez vous.

Le corps d'un chevalier

Un Chevalier doit prendre soin de son corps au moyen de l'entraînement physique et en ayant des habitudes alimentaires saines. Dans les prochaines pages, nous vous présentons des concepts de base d'un mode de vie sain afin de rendre votre corps plus fort et plus endurant, ainsi qu'un guide afin de vous aider à comprendre la base d'une nutrition équilibrée et saine.

NOTE : Le contenu de ce chapitre est à titre d'information seulement. Bien que le conditionnement physique soit considéré comme une activité sécuritaire, nous vous encourageons fortement à consulter un médecin avant d'entreprendre un programme d'exercices.

POURQUOI LE FAISONS-NOUS

Courir, pousser, sauter, nager, se cacher, grimper, tirer… Il fut une époque où ces tâches étaient nécessaires à la survie. De nos jours, elles ne le sont pas autant. En fait, plusieurs personnes considèrent ces activités davantage comme des corvées que des bénédictions. Et pourtant…

Nos corps ont été conçus pour bouger. C'est seulement depuis très peu de temps que nos sociétés modernes ont le « luxe » de demeurer relativement sédentaires. Cela dit, notre configuration génétique n'a pas évolué au même rythme que notre style de vie.

La raison pour laquelle nous avons choisi d'inclure ce chapitre traitant de l'exercice et de la santé n'a rien à voir avec l'esthétique, bien que votre apparence en bénéficiera sûrement. Il ne s'agit pas de performance non plus, bien que vous arriverez sans doute à réaliser des prouesses physiques que vous n'auriez pas crues possibles auparavant. Il ne s'agit pas non plus des effets positifs de l'exercice sur l'humeur, la vitalité et l'énergie, bien que vous aurez sans doute l'impression de pouvoir déplacer des avec le sourire!

Non, ce n'est pas pour aucune de ces raisons prises individuellement, mais bien pour toutes ces raisons, et plusieurs autres comme vous le découvrirez avec le temps. Nul besoin de développer un corps d'Olympien pour apprécier les bénéfices d'être en forme.

Votre corps est une œuvre d'art merveilleuse qui peut s'adapter, dans une certaine mesure, à n'importe quel stimulus auquel vous le soumettez. De plus, le corps saura toujours comment s'adapter afin de rendre le travail physique plus facile. Par exemple, un individu faisant beaucoup de manipulation de matériaux rugueux (bois, pierre, etc.) finira par développer ce que l'on appelle communément de la corne aux mains. Avec le temps, ce qui était dommageable pour les mains ne le sera pratiquement plus. Peu importe ce que vous faites pour la première fois vous semblera peut-être étrange ou difficile au début, mais tant que vous vous donnez la chance de vous adapter (ou, en ce qui nous concerne ici, récupérer), vous trouverez que l'action devient plus facile avec le temps.

De façon similaire, le corps s'adaptera également au *manque* de stimulus. Un corps humain en forme qui ne reçoit plus de stimulation visant à conserver ses capacités finira par se « ré-entraîner » afin de s'adapter à ce nouveau stimulus, ou plutôt au manque de celui-ci. Le corps ne maintiendra pas une musculature (qui exige de l'énergie) s'il n'a aucun besoin de la conserver. L'atrophie musculaire résultera inévitablement. Le corps ne brûlera pas de carburant pour le simple fait de brûler du carburant s'il n'a pas besoin de le faire. Il l'emmagasinera plutôt sous forme de tissus adipeux. Le cœur ne demeurera pas fort s'il n'a jamais besoin de pomper de grandes quantités de sang chargé d'oxygène et de bons nutriments à l'organisme.

Bien sûr, il existe une limite à l'intensité et la durée auxquelles vous pouvez appliquer un stimulus au corps, mais le résultat sera toujours le même : le corps s'adaptera. Une chose qui doit être comprise est que VOUS décidez à quel genre de stimulus vous vous soumettez. La très grande majorité d'entre nous a le plein contrôle sur ce que nous décidons de lire, de manger, d'écouter, de penser, etc. Aucun résultat découlant de ces décisions ne devrait être surprenant. Il ne s'agit pas uniquement d'une question d'esthétique. Il s'agit plutôt de prendre grand soin de l'essence même qui vous permet de vivre votre vie humaine.

L'exercice fera circuler du sang riche en nutriments partout dans votre corps, l'oxygène nourrira votre cerveau, des neurotransmetteurs spécifiques vous feront vous sentir énergique et heureux. Votre niveau de stress diminuera, votre niveau d'énergie augmentera, votre digestion s'améliorera, votre peau sera plus saine, vous dormirez mieux, sourirez plus facilement, vous aurez une perspective plus joyeuse de la vie en général, vous vous attaquerez aux événements que vous percevez négatifs avec bien plus de confiance et de sérénité, etc. L'exercice physique améliorera votre vie sur plusieurs plans!

ENTRAÎNEZ-VOUS DUREMENT POUR VIVRE FACILEMENT

Pour plusieurs, le simple fait de penser à commencer un programme de conditionnement physique est suffisant pour les décourager avant même qu'ils n'aient commencé. Si ÊTRE en forme est associé aux merveilleux bénéfices mentionnés ci-haut, SE METTRE en forme est souvent associé aux muscles endoloris, au manque de souffle, à la sueur nauséabonde, à la fatigue, etc. En bref, le parfait contraire de ce que l'exercice devrait nous apporter! Eh bien, cela peut être vrai au début. Jusqu'à ce que vous vous adaptiez. Cependant, y parvenir ne devrait pas être un enfer. Tout est une question de respecter vos propres limites et d'augmenter graduellement l'intensité du stimulus. Une fois que vous vous serez adapté, ne serait-ce qu'un tout petit peu, ce petit progrès alimentera votre feu afin de poursuivre votre programme. Plusieurs anticiperont même leur prochaine séance d'entraînement avec enthousiasme et excitation au lieu du découragement.

La sensation de vos espadrilles moulant vos pieds, l'air frais s'engouffrant dans vos poumons, l'oxygène parvenant à votre cerveau et vos muscles qui travaillent dur. La sueur qui commence à perler sur votre peau afin de la refroidir alors que vous augmentez la cadence. Votre cœur pompant avec rythme le sang riche en oxygène et nutriments à travers tout votre corps. Vous vous sentez en vie. Tout vous semblera plus facile à mesure que vous progresserez. Déplacer des meubles deviendra amusant. Sortir du lit ne sera plus une corvée d'une heure. Jouer avec vos enfants dehors ne vous semblera plus un calvaire, mais plutôt une opportunité de passer du temps de qualité avec eux. En bref : les quelques séances d'exercices pendant lesquelles vous sortirez volontairement de votre zone de confort amélioreront toute votre vie, 24 heures sur 24, 7 jours sur 7!

COMMENT S'ADAPTE LE CORPS

Lorsque vous vous entraînez, vous placez un stress sur tout votre organisme : les cellules musculaires contractent puis meurent ; les articulations sont soumises à d'énormes tensions, vos réserves de carburants (gras et glucides, ainsi qu'un peu de protéines) sont utilisées pour fournir de l'énergie, etc. Vos cellules au travail déversent leurs déchets dans votre circulation sanguine et ces derniers doivent être éliminés par vos systèmes de filtration afin de garder votre sang aussi propre que possible... Le résultat à court terme de tout ceci est qu'immédiatement après votre entraînement, votre corps est plus faible et plus dépourvu qu'avant la séance. Cependant, cet « inconvénient » est nécessaire afin de déclencher l'adaptation. C'est seulement ensuite que le processus de récupération commence.

Vos réserves de carburant, principalement le glycogène (une forme de glucose emmagasiné dans les muscles et le foie) sont remplies à nouveau, les cellules musculaires mortes sont recyclées et remplacées avec de nouvelles, souvent plus fortes et plus résistantes. Votre système nerveux se recharge en neurotransmetteurs qui ont été utilisés pour effectuer les contractions musculaires. Une fois que ce processus de récupération est complété (24-48 heures plus tard, selon l'intensité, la durée et la nature du stimulus), vous êtes prêt pour une autre période d'entraînement, et ainsi de suite.

Tout comme pour plusieurs autres choses de la vie, le corps ne s'améliore que s'il a une raison de le faire. En étant constamment poussé un peu plus loin qu'il n'est habitué, et pourvu qu'il ai le temps suffisant pour récupérer, le corps s'adaptera afin de rendre la même tâche plus facile à l'avenir. Mais la fois suivante, vous le déjouez en repoussant la limite encore un peu, une fois de plus.

Évidemment, ces progrès ne se produisent pas à l'infini. Il viendra un temps où vous ne pourrez plus progresser. C'est le point des rendements décroissants : pour deux, trois ou même quatre fois les efforts, les résultats ne seront plus qu'une fraction de ce qu'ils étaient au commencement de votre programme d'entraînement, quelques semaines ou mois plus tôt. C'est un excellent signe puisque cela signifie que votre corps à bien fait son travail : il s'est adapté au stimulus. Plus vous êtes en forme, plus vous aurez de la difficulté à progresser, comme c'est le cas pour bien des choses de la vie. Vous pouvez obtenir des résultats spectaculaires en vous entraînant pendant quelques semaines pour ensuite arriver à un plateau où tout progrès est pratiquement impossible. Votre corps se sera habitué à ce nouvel état de mise en forme et peu importe à quel point vous vous forcez à dépasser ce plateau, le corps lui ne semble simplement pas vouloir s'améliorer. Alors vous voilà bloqué. Incapable de vous améliorer.

Malheureusement, plusieurs personnes, même ceux qui retirent de grandes joies à s'entraîner et dont la motivation est gonflée à bloc, peuvent rapidement se décourager lorsqu'ils cessent de constater une progression. Cela dit, quelque chose doit être gardé à l'esprit :

Un manque de progression ne signifie pas

un manque de résultat.

Supposons qu'un homme de 35 ans parvienne à courir une distance fixe en 30 minutes aujourd'hui. Avance rapide de 40 ans, et nous avons notre même homme, maintenant rendu à 75 ans, courant la même distance pendant la même période de temps, soit 30 minutes. Est-ce que cet homme a perdu son temps parce qu'il n'a pas progressé (c'est-à-dire courir une plus grande distance pour le même nombre de minutes, ou la même distance en une période de temps plus courte)? Évidemment non! Même si son objectif était réellement de s'améliorer (courir pendant plus de 30 minutes ou courir une plus grande distance en 30 minutes), il ne l'a peut-être pas atteint, mais vous pouvez être certain qu'il à conservé tous les bénéfices de pouvoir courir pendant 30 minutes d'affilé, même à l'âge de 75 ans!

Ainsi donc, vous vous entraînez déjà depuis quelques mois, et maintenant vous semblez faire du sur-place, même si vous faites de grands efforts pour vous améliorer. Que pouvez-vous faire? Eh bien, au lieu d'augmenter l'intensité ou la durée du stimulus, vous pouvez le changer du tout au tout.

Ce dont le corps à besoin est d'être maintenu « alerte » et la meilleure façon d'y arriver est de non seulement modifier la durée et l'intensité, mais également la nature même du stimulus. Vous aimez le jogging? Faites de la natation! Vous aimez le patin à roues alignées? Joggez! Vous faites habituellement du vélo sur piste? Allez dans un terrain montagneux pour une bonne séance de marche en montagne! Toute variation fera appel à de nouveaux muscles ou les fera travailler différemment. Le changement se cumule en résultats continus.

POUR COMMENCER

ATTENTION : Bien que l'exercice soit une activité sécuritaire pour la plupart des gens, nous vous conseillons fortement de consulter un médecin avant de commencer tout programme d'entraînement. Si vous ne l'avez jamais fait auparavant, entreprendre un programme de conditionnement physique peut être quelque peu effrayant. Par où est-ce que je commence? Qu'est-ce que je porte? Qu'est-ce que je fais, et pour combien de temps? À quelle fréquence?

Voici trois règles de base qui s'appliquent à la plupart des gens qui désirent commencer un programme d'activité physique :

— Faites que ce soit plaisant : Choisissez une activité que vous aimez, d'abord et avant tout. Rien ne sert de vous gaver de force avec un programme de poids et haltères si vous ne pouvez pas supporter l'environnement d'un *gym* commercial, ou de vous obliger à faire des séances de jogging matinal qui semblent interminables si vous détestez courir. L'idée principale derrière tout cela est très simple : bouger. Tant que vous bougez, vous êtes sur la bonne voie.

Le reste n'est qu'une question de gestion d'intensité de l'activité que vous faites afin d'atteindre les objectifs que vous vous êtes fixés.

— Faites que ce soit simple : À chaque coin de rue, vous verrez une nouvelle « révolution » dans l'industrie de la forme physique qui vous garantit d'atteindre vos résultats. Un nouvel appareil, un nouveau principe, une nouvelle façon de faire les choses. Je vais vous révéler un important secret, qui en fait n'en est pas un du tout : tout ce qui « fonctionne » a déjà été découvert. Cela n'équivaut pas à dire que la science de l'exercice n'est pas en évolution (bien au contraire!), mais les concepts de base inhérents à la mise en forme et à son maintien sont depuis longtemps de l'histoire ancienne. Il n'y à pas de révolution. Nul besoin du plus récent « Ab-N'importe quoi 2000 », ni du super programme utilisé par la saveur du mois à Hollywood, ni de mélange alimentaire scientifiquement élaboré supposé vous transformer en Vénus ou Adonis. Toutes ces choses ne sont pas nécessairement mauvaises (quoi que certaines soient définitivement inutiles), mais peu importe à quel point un gadget/activité/système soit révolutionnaire, prouvé scientifiquement ou à la mode, il y à fort à parier que c'est présenté dans un bel emballage afin d'inciter les gens à acheter, mais que cela ne fasse rien de plus que d'imiter ce que vous pouvez faire à pas ou peu de frais : bouger (ou manger sainement si tel est le cas). L'une des raisons pour laquelle il y a tant de confusion est que plusieurs cherchent une solution rapide et « paresseuse » à leurs besoins de mise en forme.

- Un peu est préférable à pas du tout : En règle générale, 20 minutes d'activité physique 3 fois par semaine est un bon point de départ (quoi que ce soit un minimum). Moins que cela ne sera probablement pas suffisant pour procurer des résultats durables, et vous aurez constamment un pied de chaque côté de la clôture, constamment en train de composer avec les effets du désentraînement, constamment en train de composer avec les raideurs musculaires et le manque de réel plaisir. Cela équivaudrait à toujours chevaucher le cheval de transition entre l'état de mauvaise et bonne forme physique. Cela ressemble à la recette parfaite pour finir par abandonner. Le véritable plaisir commence lorsque vous avez franchi les quelques jours initiaux (accordez-vous deux petites semaines). Laissez-moi illustrer mon point : supposons que vous vous entraîniez deux fois par semaine, votre première séance étant le lundi matin. Parvenu à votre second entraînement quelques jours plus tard (disons vendredi matin, 4 jours plus tard), votre corps se sera adapté pour ensuite régresser à son point de départ puisque la fréquence du stimulus n'était pas suffisante (souvenez-vous : vous récupérez d'un entraînement en 48 heures, approximativement). Un entraînement aux 2 jours vous accorde suffisamment de temps pour récupérer, mais pas tout à fait assez pour subir les effets du désentraînement. Cela dit, si deux séances par semaine sont tout ce que vous pouvez faire, de grâce tirez-en le maximum en augmentant soit la durée, l'intensité, ou les deux, afin que le stimulus soit suffisamment irritant pour votre organisme, exigeant ainsi un temps de récupération un peu plus long.

Idéalement, ayez comme objectif de stimuler les deux composantes principales des qualités physiques (excluant la fonctionnalité : équilibre, précision, etc.) qui peuvent être améliorées par le biais de l'activité physique : la force et l'endurance. La flexibilité est également importante, et nous en parlerons brièvement un peu plus tard. Cette classification simple sera suffisante pour ce dont nous avons besoin.

Sous leur forme la plus pure, la force et l'endurance se trouvent aux extrémités d'un même continuum : intensité très élevée qui ne dure que quelques secondes (force); et intensité très faible qui peut durer des heures (endurance). Sachez que les deux sont importantes pour une santé optimale et que les deux apportent des bénéfices complémentaires. Tout comme tout ce qui se trouve sous le soleil, l'équilibre se trouve quelque part au centre.

ENTRAÎNEMENT CARDIOVASCULAIRE

L'entraînement cardiovasculaire est habituellement plutôt bien toléré par le corps. La récupération suite à un entraînement cardiovasculaire se fait plus rapidement qu'à la suite d'un entraînement en force, même si vous vous sentez plus fatigué. Le cardio n'endommage habituellement pas vos muscles et ne pose pas autant de stress à votre système nerveux comme le fait l'entraînement en force.

Le cardio peut être divisé en deux classes : l'endurance cardiovasculaire et la puissance cardiovasculaire. Nous parlons d'endurance cardiovasculaire lorsque nous faisons référence à des activités qui se font à une intensité plus faible pour de plus longues périodes. La puissance cardiovasculaire est pratiquement l'exact opposé : l'intensité est plus forte et ainsi ne peut être maintenue pour très longtemps. Il est préférable d'entraîner les deux qualités (l'endurance et la puissance cardiovasculaire) plutôt qu'une ou l'autre uniquement.

Afin de savoir où vous vous trouvez pendant vos entraînements, vous devez vérifier votre fréquence cardiaque, qui vous indiquera si vous y allez trop doucement ou trop fort selon la qualité physique que vous avez décidé d'entraîner.

ACTIVITÉ CARDIO POUR LA PERTE DE GRAS : Tous semblent s'intéresser à cette question, mais cela ne devrait pas être l'objectif principal de vos entraînements. La théorie veut que plus l'intensité est faible, plus votre corps utilisera le gras comme source de carburant. C'est vrai. Tellement vrai en fait que lorsque vous dormez (ce qui est probablement la zone d'intensité la plus faible dans laquelle vous puissiez vous trouver) presque 100 % de l'énergie utilisée par votre corps pour vous maintenir en vie provient du gras. Le problème ne réside pas dans le ratio gras vs les autres sources de carburants utilisés, mais plutôt dans la quantité absolue d'énergie utilisée. Le travail de faible intensité est si « facile » à faire qu'il ne nécessite pas énormément d'énergie pour être maintenu. Donc, en ce qui concerne la santé ou les bénéfices esthétiques, le travail de très faible intensité n'est pas très productif.

La plupart des experts compétents vous diront que la réputation de l'entraînement cardiovasculaire est surfaite en ce qui concerne la perte de gras et que la meilleure manière d'y arriver est de se contrôler dans la cuisine (ce qui signifie que votre manière de vous nourrir supplante en très grande partie toute forme d'entraînement que vous pourriez faire en ce sens). La zone de fréquence cardiaque dans laquelle vous devriez vous trouver pour la perte de gras est environ 60-70 % de votre fréquence cardiaque maximale.

ENDURANCE CARDIO-VASCULAIRE : Le seuil d'entraînement en endurance se trouve à environ 70 % de votre fréquence cardiaque maximale. Lorsque vous arrivez à ce niveau d'intensité, vous aurez l'impression de faire un certain travail. Cela dit, puisque l'intensité n'est toujours pas très élevée, vous pouvez maintenir le rythme pendant une période relativement longue. Nous suggérons de ne pas descendre en dessous de ce niveau d'intensité (quoique cela ne vous nuira pas, évidemment).

PUISSANCE CARDIO-VASCULAIRE : L'entraînement en puissance cardiovasculaire est le meilleur entraînement que vous puissiez faire pour renforcer votre cœur. Vous serez dans cette zone de travail lorsque vous atteindrez environ 80 % de votre fréquence cardiaque maximale. L'intensité étant plus élevée, vous ne pourrez pas soutenir votre effort très longtemps, mais c'est OK. Il existe des façons d'accumuler des périodes de travail en haute intensité et ainsi d'en récolter les bénéfices, nommément l'entraînement en intervalles (nous en parlerons un peu plus tard). Si vous n'avez jamais travaillé à ce niveau d'intensité, nous vous suggérons de ne PAS commencer à entraîner votre puissance cardiovasculaire immédiatement puisqu'il s'agit d'entraînements plutôt difficiles.

DÉTERMINER VOTRE FRÉQUENCE CARDIAQUE À L'EFFORT

Comment saurez-vous si vous vous entraînez suffisamment dur? Comment savoir si vous êtes à 60 % ou 80 % de votre fréquence cardiaque maximale?

Tout d'abord, nous devons déterminer ce qu'est votre fréquence cardiaque lorsque vous arrivez à 70%, 80 % et 90 % de votre maximum. Les experts ont émis une théorie voulant que la fréquence cardiaque maximale chez l'humain se trouve à 220 battements par minute (bpm) moins l'âge de l'individu. Ainsi, si vous avez 30 ans, votre fréquence cardiaque maximale serait 190

(220 moins 30). De même façon, 70% de votre maximum serait 133.

FRÉQUENCE CARDIAQUE MAXIMALE

220 – ÂGE

220 – 30 = 190

FRÉQUENCE CARDIAQUE À L'EFFORT
(pour 70%)

Fréquence cardiaque maximale X %

190 X 70 % = 133

Donc, 133 battements par minutes est l'objectif que vous devriez avoir en tête lorsque vous vous entraînez à 70% de votre fréquence cardiaque maximale (encore une fois : notre exemple a été calculé avec un individu de 30 ans. Ajustez selon votre âge.)

Le graphique ci-dessous vous aidera à clarifier tout cela :

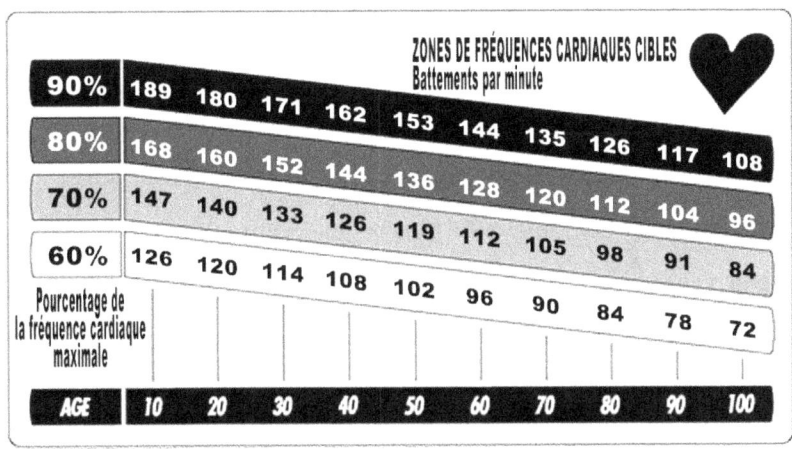

COMBIEN, POUR COMBIEN DE TEMPS, À QUELLE FRÉQUENCE?

Il n'y à pas de règle coulée dans le béton à propos de la quantité d'activité cardiovasculaire que vous devez faire. Un bon départ est 20 minutes 3 fois par semaine à environ 75-80 % de votre fréquence cardiaque maximale, surtout lorsque combiné avec approximativement autant d'entraînement en résistance.

Voici un autre graphique qui vous aidera à comprendre la dynamique entre la puissance et l'endurance cardiovasculaire :

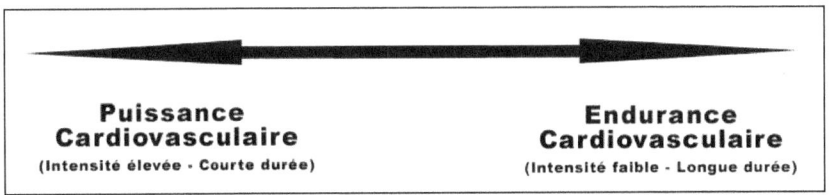

Tout comme l'entraînement en résistance, il existe différentes intensités d'entraînement cardiovasculaire que vous pouvez utiliser afin de parvenir à vos objectifs. Si vous souhaitez améliorer votre puissance cardiovasculaire (travail plus intense d'une durée plus courte), alors un entraînement plus intense est recommandé. Si vous souhaitez améliorer votre endurance (pouvoir maintenir un effort plus faible, mais sur une période de temps plus longue), alors un protocole de plus faible intensité devrait être utilisé.

LEQUEL CHOISIR POUR LA PERTE DE GRAS?

Il existe un mythe persistant chez plusieurs personnes à propos de la meilleure manière de faire fondre le gras excédentaire. Tout type d'activité physique utilisera inévitablement du carburant. Selon l'intensité, certaines utiliseront principalement du glucose (entraînements de plus haute intensité), d'autres utiliseront davantage de gras (entraînements de plus faible intensité).

Le raisonnement voulant qu'il soit préférable d'utiliser une activité de faible intensité pour brûler les graisses prend racine dans le fait que l'intensité plus faible utilise le gras comme carburant. Cette logique est à tout le moins partiellement erronée en terme de véritables résultats sur le terrain puisque les activités de faible intensité ne requièrent pas énormément de carburant. En d'autres mots, oui vous brûleriez davantage de gras si vous faisiez du vélo à faible intensité pendant une heure, mais votre dépense d'énergie totale sera plutôt faible.

D'autre part, le travail cardiovasculaire de haute intensité, bien qu'il brûle énormément de glucose, requiert également beaucoup de carburant, même si vous ne pouvez pas maintenir l'effort très longtemps. De plus, votre métabolisme de base (la vitesse à laquelle votre corps brûle le carburant au repos, pour vous maintenir en vie) demeurera élevé jusqu'à quelques heures après votre activité.

Cela dit, avant que vous ne vous lanciez à corps perdu dans des périodes de jogging très intenses, la perte de gras relève davantage de la nutrition que de l'exercice. Vous pouvez réellement saboter bien des efforts mis à l'entraînement et visant à perdre une surcharge pondérale malsaine simplement parce que votre alimentation n'est pas adéquate. Veuillez consulter le chapitre sur la nutrition à ce sujet. Les quelques règles qui y sont énoncées vous aideront énormément dans vos efforts de gestion de votre poids (que ce soit pour en gagner ou pour en perdre) et vous placera bien en avant de la moyenne des gens en matière de connaissances nutrition saine générale.

Tout comme il est préférable de développer la force musculaire et l'endurance musculaire, vous devriez également tenter de développer votre puissance ainsi que votre endurance cardiovasculaire. Plus vous pouvez être équilibré, mieux c'est. C'est excellent de pouvoir courir à plein régime pendant quelques minutes, mais de pouvoir *également* jogger pendant de longues périodes est encore mieux.

Pour résumer, tenter d'améliorer la totalité du continuum de la performance physique est la meilleure façon de récolter autant de bénéfices que possible. Comme mentionné, vous n'atteindrez probablement jamais votre plein potentiel en force maximale, ni en endurance maximale. Pour y parvenir, il vous faudrait en choisir un et négliger l'autre.

Cela dit, avec constance et effort, vous pourrez tout de même devenir passablement fort et endurant en améliorant les deux qualités, et, ultimement, il s'agit de la condition la plus souhaitable.

Tout comme pour l'entraînement en résistance, je suggère de varier le genre d'activité auxquelles vous vous adonnez. Bien qu'il soit parfaitement acceptable de faire du jogging et uniquement du jogging, certains préféreront jogger un jour, faire du patin à roues alignées un autre jour, faire du vélo le jour suivant, etc. Plus vous tentez de vous développer de la manière la plus complète possible, mieux ce sera.

ENTRAÎNEMENT EN INTERVALLE

L'entraînement en intervalle est une excellente façon de mettre du piquant dans vos entraînements cardiovasculaires. L'intensité peut être adaptée très facilement afin de convenir au niveau de développement actuel de quiconque. En termes simples, l'entraînement en intervalle est composé de périodes de faible intensité alternant avec des périodes de plus haute intensité. Cela pourrait ressembler à ceci :

Jogging lent pendant 55 secondes
Course rapide pendant 5 secondes.
Ceci est un « bloc ». Répétez 15 fois.

Cela semble peut-être facile sur papier, mais si vous en faites l'essai, vous remarquerez que vous aurez fait du jogging lent pendant un peu plus de 13 minutes (13 :45) et que vous aurez couru à pleine capacité pendant plus d'une minute (75 secondes). Bien sûr, 75 secondes ne semble pas très long, mais quand vous courrez à pleine capacité, 75 secondes peuvent sembler une éternité. Aucun être humain ne pourrait soutenir un effort maximal pendant 75 secondes d'affilée, MAIS, avec ce protocole, vous serez capable de l'accumuler.

En poussant votre corps dans cette zone, vous en augmenterez graduellement la puissance cardiovasculaire, plaçant graduellement la barre de plus en plus haute.

Il existe plusieurs façons de faire de l'entraînement en intervalle. En voici quatre :

Option 1	Option 2	Option 3	Option 4
Marche	Jogging	Marche	Marche
Jogging	Course	Jogging	Course
Course			

Il existe également plusieurs manières d'augmenter l'intensité. Par exemple, pour l'Option 3, vous pouvez décider de conserver votre temps de jogging à 45 secondes et d'augmenter uniquement votre temps de course.

	Semaine 1	Semaine 2	Semaine 3
Jogging	45 secondes	45 secondes	45 secondes
Course	5 seconds	7 seconds	10 seconds

… et ainsi de suite.

Vous pouvez également décider d'augmenter les deux :

	Semaine 1	Semaine 2	Semaine 3
Jogging	45 secondes	50 secondes	55 secondes
Course	5 secondes	7 secondes	10 secondes

OU encore, vous pouvez diminuer le temps alloué à un pour augmenter le temps alloué à l'autre:

	Semaine 1	Semaine 2	Semaine 3
Jogging	45 secondes	40 secondes	35 secondes
Course	5 secondes	10 secondes	15 secondes

Note : plus intense est l'intervalle, plus petite devrait être son augmentation. Je suggère d'augmenter le temps de jogging par tranches de 5 secondes et le temps de course par 1 seconde, surtout si vous choisissez de raccourcir l'intervalle de plus faible intensité pour augmenter celui de plus haute intensité.

ENTRAÎNEMENT EN RÉSISTANCE

L'entraînement en résistance est un peu plus complexe que l'entraînement cardiovasculaire en ce sens qu'il se trouve plus de variables avec lesquelles expérimenter. Évidemment, ce qui est décrit ici ne sont que les bases.

Plusieurs personnes (surtout des femmes) qui commencent un entraînement en résistance ont peur de devenir trop musclées ou trop vasculaires. Il s'agit d'un mythe persistant à propos de l'utilisation des poids et haltères pour renforcer son corps qui prend racine dans le culturisme de compétition. Les culturistes s'adonnant à la compétition doivent combiner la plus grande quantité de masse musculaire possible avec le plus faible pourcentage de gras corporel possible, se soldant en un look strié et vasculaire que l'on peut voir sur les athlètes en culturisme qui montent sur scène.

Tout d'abord, développer énormément de masse musculaire exige des années d'entraînement très rigoureux, entraînement planifié avec cet unique but en tête. Ensuite, une fois que la masse musculaire est construite, il faut plusieurs semaines, souvent plusieurs mois de restriction alimentaire très exigeante, calculée et planifiée afin de faire fondre autant de gras que possible pour que les muscles sous-jacents soient bien visibles pour les juges. De plus, très souvent, pour plusieurs athlètes (même ceux se trouvant dans les bas calibres amateurs), tout un arsenal d'agents naturels ou chimiques, légaux ou non, sont utilisés afin de demeurer compétitif. Enfin, pour enfoncer le dernier clou, tous les humains n'ont pas la génétique pour développer un tel physique.

En bref, vous n'avez même pas à commencer à craindre de devenir trop ceci ou trop cela. Les choses ne se produisent simplement pas ainsi, pas plus que de commencer un programme de jogging vous transformerait du jour au lendemain en un marathonien décharné à l'endurance sans borne.

L'entraînement en résistance n'apporte que des bénéfices à ceux qui le pratiquent. Il renforce non seulement les muscles, mais également les os, les ligaments et les tendons. Il aide à prévenir (voire même renverser) les symptômes du diabète. Bien qu'il ne puise pas renverser les effets de l'arthrite, il à été démontré qu'il pouvait en ralentir la progression, parfois même l'arrêter totalement. Il améliore l'équilibre et la proprioception (la conscience de l'emplacement dans l'espace de ses membres par rapport à son corps). Il aide à améliorer la santé cardiovasculaire (surprise!). Il augmente le métabolisme de base puisque les muscles ont besoin d'énergie pour se soutenir ; une augmentation du métabolisme de base brûle davantage d'énergie 24/7, ce qui signifie que vous pouvez manger davantage tout en demeurant maigre (maigre au sens « moins de gras » du terme, pas au sens de « chétif »). Cela rend toutes les tâches plus faciles, spécifiquement celles requérant une certaine quantité de force physique. La liste est sans fin.

SÉRIES ET RÉPÉTITIONS

En jargon de l'entraînement, une répétition est lorsque vous faites un mouvement, du début à la fin. Par exemple, si vous faites une flexion du bras avec haltère, fléchissez le bras jusqu'en haut et ramenez le poids à son point de départ, cela constitue une répétition. Une série est un groupe de répétitions faites une après l'autre, habituellement jusqu'à ce que le muscle ne puisse plus se contracter suffisamment pour vaincre la résistance. Cela est appelé « l'échec musculaire », et vous devriez essayer d'y parvenir à chaque série. Une série est composée d'au moins une répétition, mais la plupart des séries en comptent entre 5 et 20-25, selon l'objectif.

Un excès de travail est bel et bien possible (quoique cette limite soit rarement atteinte sauf par les individus les plus sérieux), surtout si les besoins en nutrition et en récupération ne sont pas satisfaits. Notre objectif ici est d'améliorer notre santé et condition physique générale, alors bien que vous devriez toujours tenter de repousser régulièrement vos limites de plus en plus loin, il n'est pas nécessaire d'aller à des extrêmes tel que le font les athlètes d'élite. Vous ne pouvez espérer faire des performances excellentes en haltérophilie et, simultanément, briller en tant que marathonien. La clef réside dans l'équilibre.

POIDS LOURDS VS LÉGERS

Les poids lourds — vous permettant de faire 5-6 répétitions – seront davantage indiqués pour renforcer les structures, comme les muscles, les os, les ligaments et les tendons. Les poids plus légers d'autre part – vous permettant de faire 15-20 répétitions – seront plus indiqués afin d'apprendre de nouveaux exercices et pour augmenter l'endurance musculaire (ce qui n'est PAS la même chose que l'endurance cardio-vasculaire). Une fois encore, la solution la plus sage se trouve au milieu. Cela ne signifie pas que vous ne deviez faire que des séries de 12 répétitions, mais plutôt qu'un programme bien planifié, incluant des répétitions se trouvant sur tout le continuum des répétitions, procurera les meilleurs résultats en terme de développement général.

Tout comme l'entraînement cardiovasculaire (puissance et endurance), l'entraînement en résistance peut être divisé en deux groupes principaux : l'endurance musculaire et la force/puissance musculaire.

Le graphique suivant illustre bien ce point :

Force/Puissance Musculaire
(Poids lourds - Basses répétitions)

Endurance Musculaire
(Poids légers - Hautes répétitions)

SÉLECTION D'EXERCICES

Il existe littéralement des douzaines (des centaines dans certains cas) de mouvements pour chaque groupe musculaire, pour renforcer les muscles dans tout le corps. Des livres entiers ont été écrits sur ce seul sujet. Nous allons vous en suggérer quelques-uns ici pour les groupes musculaires principaux, mais il ne s'agit absolument pas d'une liste complète.

Les exercices de musculation peuvent être classifiés en 2 groupes : les mouvements de base et les mouvements d'isolation. Les mouvements de base sont habituellement des mouvements impliquant plus d'une articulation. Les mouvements de base communs incluent par exemple le développé couché, l'accroupissement, la traction à la barre et le levé militaire. Les mouvements de base sont habituellement plus près des mouvements de la vie quotidienne, impliquant des groupes de muscles travaillant en synergie afin d'effectuer une tâche donnée. Ce sont les mouvements sur lesquels vous devriez vous concentrer principalement, puisque ce sont les mouvements qui vous aideront le plus dans votre vie de tous les jours. Ces mouvements sont également les plus difficiles à faire, pour deux raisons : d'abord, ils sont techniquement plus complexes et requièrent un certain apprentissage. Ensuite, considérant la charge qu'il est possible d'utiliser lors de l'exécution de ces mouvements, ils sont plus épuisants que les plus petits mouvements d'isolation. Par exemple, une série difficile d'accroupissements sera plus exigeante qu'une série difficile d'extension de la jambe sur la chaise à quadriceps.

Les mouvements d'isolation sont habituellement les mouvements impliquant une seule articulation. Les mouvements d'isolation communs incluent par exemple la flexion du bras, l'extension de la jambe sur la chaise à quadriceps, l'élévation latérale et l'extension du triceps. Ces mouvements sont souvent préférés par plusieurs personnes (ignorantes) parce qu'ils sont habituellement plus faciles à exécuter : techniquement, la plupart de ces mouvements sont très faciles, et ils ne vous épuisent pas autant que les mouvements de base. Le fait est que, bien que plusieurs exercices soient interchangeables, les mouvements de base seront habituellement supérieurs aux mouvements d'isolation. (Plus de détails à ce sujet un peu plus tard).

PLANIFIER LA SEMAINE

Il existe d'innombrables manières de bâtir un programme de conditionnement physique général adéquat. Il n'existe pas de règles coulées dans le béton pour se faire. En termes simples :

De quelle quantité de travail pouvez-vous récupérer avant votre prochain entraînement?

Pour des raisons de simplicité, et pour les besoins de ce livre, nous utiliserons ces quelques règles *très* générales :

- 30 minutes d'entraînement en force, 2-4 fois par semaine
- 30 minutes d'entraînement cardio, 2-4 fois par semaine
- 1 à 3 jours de repos total par semaine

Quel est le meilleur moyen d'organiser vos entraînements de manière à nous permettre d'améliorer à la fois la force et l'endurance, et qui vous procureraient le plus de bénéfices possible? Pour les besoins de notre discussion, il n'y a pas de « meilleure » façon. Voici quelques exemples :

EXEMPLE 1 :

Alterner les entraînements en résistance avec les entraînements cardio.

EXEAMPLE 2 :

Faire un bref entraînement en résistance et un bref entraînement cardio, chaque jour.

EXEMPLE 3 :

Faire un entraînement en résistance suivi immédiatement d'un entraînement cardio, aux deux jours.

EXEMPLE 4 :

Entraînement en résistance le matin, un entraînement cardio le soir, aux deux jours.

Ci-dessous se trouve une charte qui peut vous assister dans la planification de vos entraînements cardiovasculaires et en résistance, ainsi que vos périodes de récupération

	Option 1 (1 jour de repos)	Option 2 (2 jours de repos)	Option 3 (3 jours de repos)
Lundi	Résistance	Résistance	Résistance + Cardio
Mardi	Cardio	Cardio	Résistance + Cardio
Mercredi	Résistance	REPOS	REPOS
Jeudi	Cardio	Résistance + Cardio	Résistance + Cardio
Vendredi	Résistance	REPOS	Résistance + Cardio
Samedi	Cardio	Résistance	REPOS
Dimanche	REPOS	Cardio	REPOS

PLANIFIER L'ENTRAÎNEMENT

Ainsi donc, vous êtes prêt à commencer votre programme d'exercice, mais ne savez pas exactement par où commencer ? Ne craignez rien, ci-dessous se trouvent quelques directives de base qui vous permettront de partir du bon pied. Bien que n'étant pas suffisamment élaborée pour faire de vous une menace pour les athlètes olympiques, l'information ci-dessous sera plus que suffisante pour vous aider à assembler un programme de conditionnement physique adéquat, ce qui vous aidera à améliorer votre niveau de condition physique et garder vos séances d'exercices intéressantes et variées (2 clefs pour devenir/demeurer en forme).

Une règle générale est de travailler les plus gros groupes musculaires d'abord et les plus petits ensuite, et d'utiliser les plus gros exercices de bases avant les plus petits mouvements d'isolation. Ainsi, le dos, les jambes et les pectoraux seraient travaillés avant les bras et les épaules au cours de l'entraînement, et les « gros » exercices, tel l'accroupissement, avant les petits exercices, tel le *sissy squat* et la flexion des jambes. Il existe des techniques avancées qui impliquent l'exact opposé de cette « règle » (préfatigue, séries alternées, etc.), mais nous ne nous aventurerons pas sur ce terrain. Comme mentionné ci-haut, bien que la science de la mise en forme soit très vaste, les informations ci-dessous sont des informations de base, mais suffisantes pour un conditionnement général.

Nous entraînerons le corps en entier pendant notre entraînement en résistance. À titre d'information, il est possible d'élaborer vos entraînements afin que le corps soit divisé en groupes musculaires entraînés seuls ou plusieurs à la fois, chacun ayant son propre jour spécifique qui lui est attitré (Ex. : pectoraux et dos le lundi, épaules et jambes le mardi, etc.) Ce sont tous des principes un peu plus avancés et de nombreux ouvrages et articles ont été écrits sur ce sujet, alors nous n'en parlerons pas davantage. Si vous voulez en apprendre davantage, nous vous suggérons *Le Livre noir des secrets d'entraînement* par Christian Thibaudeau, qui est un livre très complet, très bien écrit et facile à comprendre. Si vous souhaitez approfondir vos connaissances en matière de performance physique, nous vous recommandons *Théorie et application des méthodes modernes de force et de puissance*, du même auteur. Les deux ouvrages sont disponibles sur MuscleDriveThru.com, ou dans toute bonne librairie.

Voici une façon d'élaborer un entraînement :

Utilisez au moins un mouvement de base pour chaque groupe musculaire majeur.

Dans le tableau ci-dessous vous trouverez 2 mouvements de base et un mouvement d'isolation pour chacun des groupes musculaires les plus communs (la description des exercices se trouve à la fin de ce chapitre).

Groupe musculaire	Mouvement de base (multi-articulaire)	Mouvement d'isolation (uni-articulaire)
Jambes (dominante quadriceps)	Accroupissement avant Fente	*Sissy Squat*

Jambes (dominante ishio-jambiers)	Soulevé de terre jambes droites Élévation des hanches	Flexion des jambes
Dos	Traction à la barre Tirage vertical buste penché	*Pullover*
Pectoraux	Pompe Pompe déclinée	Écarté couché
Épaules	Levé militaire Tirage vertical debout	Élévation latérale
Biceps	Flexion des bras à la barre Flexion des bras prise marteau	Flexion des bras concentré
Triceps	Pompes prise rapprochée *Bench dips*	*Kickback*
Abdominaux	*Jack knives* *Twisted crunch*	½ *crunch* inversé

Puisque vous entraînerez tout le corps pendant votre séance, limitez le nombre de séries à 20-25.

VARIABLES D'ENTRAÎNEMENT

Tel que mentionné plus tôt, votre corps s'adaptera à n'importe quel stimulus auquel vous le soumettez. En gardant cela à l'esprit, rapidement vous verrez que vous aurez besoin de changer votre programme d'entraînement afin de continuer à vous améliorer et à trouver vos séances intéressantes. Plusieurs variables peuvent être modifiées. Le tableau suivant montre les plus communes :

	Force	Croissance musculaire	Endurance
Nombre de séries par exercice	4-5	2-4	1-2
Nombre de répétitions	4-6	8-12	15-25
Vitesse d'exécution*	Descente : 4-5 secs Montée : Explosif	Descente : 2-3 secs. Montée : 1 sec	Descente : 1-2 secs Montée : 1 sec.
Repos entre les séries	2-3 minutes	1 minute	30-45 secs
Nombre de séries totales par entraînement	10-15	15-20	20-25

Descente : Lorsque la charge est ramenée vers le sol

Montée : Lorsque la charge est soulevée

Ajoutez à cela la sélection d'exercices ainsi que les entraînements cardiovasculaires et vous pouvez varier pratiquement à l'infini vos séances d'exercices. Comme expliqué précédemment, l'objectif est de soumettre son corps à des stimuli se trouvant sur tout le continuum, depuis la force jusqu'à l'endurance musculaire, de la puissance à l'endurance cardiovasculaire. De manière générale, essayez de vous concentrer sur un objectif à la fois, et de changer chaque 4 à 6 semaines. Par exemple, vous pouvez augmenter votre force pendant 4 semaines, ensuite faire des entraînements visant à augmenter votre masse musculaire, enfin travailler sur votre endurance pour 4 autres semaines, et recommencer le cycle. L'idée est de continuellement changer le type de stimulus, tout en laissant suffisamment de temps au corps afin que celui-ci s'adapte au nouveau stimulus. Ci-dessous se trouvent des échantillons de programmes pour chaque objectif : la force, la croissance musculaire et l'endurance. Les trois entraînements utilisent les mêmes mouvements, seules les variables ci-haut mentionnées changent.

Force*

Groupe musculaire	Exercice	Séries	Répétitions	Vitesse d'exécution	Repos
Jambes (dominante	Fentes	4	6	Descente : 4-5 secs Montée :	2-3 minutes

quadriceps)				Explosif	
Jambes (dominante ishio-jambiers)	Élévations des hanches	4	6	Descente : 4-5 secs Montée : Explosif	2-3 minutes
Dos	Traction à la barre	4	6	Descente : 4-5 secs Montée : Explosif	2-3 minutes
Pectoraux	Pompes	4	6	Descente : 4-5 secs Montée : Explosif	2-3 minutes
Épaules	Tirage vertical debout	4	6	Descente : 4-5 secs Montée : Explosif	2-3 minutes
Biceps	Flexion des bras à la barre	4	6	Descente : 4-5 secs Montée : Explosif	2-3 minutes
Triceps	Pompes prise rapprochée	4	6	Descente : 4-5 secs Montée : Explosif	2-3 minutes

* Il se peut que vous ayez à diviser votre corps en deux jours, puisque le nombre total de séries sera plutôt élevé.

Croissance musculaire

Groupe musculaire	Exercice	Séries	Répétitions	Vitesse d'exécution	Repos
Jambes (dominante quadriceps)	Fentes	3	10	Descente : 2-3 secs Montée : 1 sec	1 minute
Jambes (dominante ishio-jambiers)	Élévations des hanches	3	10	Descente : 2-3 secs Montée : 1 sec	1 minute
Dos	Traction à la barre	3	10	Descente : 2-3 secs Montée : 1 sec	1 minute
Pectoraux	Pompes	3	10	Descente : 2-3 secs Montée : 1 sec	1 minute
Épaules	Tirage vertical debout	3	10	Descente : 2-3 secs Montée : 1 sec	1 minute
Biceps	Flexion des bras à la barre	3	10	Descente : 2-3 secs Montée : 1 sec	1 minute
Triceps	Pompes prise rapprochée	3	10	Descente : 2-3 secs Montée : 1 sec	1 minute

Endurance

Groupe musculaire	Exercice	Séries	Répétitions	Vitesse d'exécution	Repos
Jambes (dominante quadriceps)	Fentes	2	20	Descente : 1-2 secs Montée : 1 sec	30 secs
Jambes (dominante ishio-jambiers)	Élévations des hanches	2	20	Descente : 1-2 secs Montée : 1 sec	30 secs30 secs
Dos	Traction à la barre	2	20	Descente : 1-2 secs Montée : 1 sec	30 secs
Pectoraux	Pompes	2	20	Descente : 1-2 secs Montée : 1 sec	30 secs
Épaules	Tirage vertical debout	2	20	Descente : 1-2 secs Montée : 1 sec	30 secs
Biceps	Flexion des bras à la barre	2	20	Descente : 1-2 secs Montée : 1 sec	30 secs
Triceps	Pompes prise rapprochée	2	20	Descente : 1-2 secs Montée : 1 s	30 secs

ENTRAÎNEMENT EN RÉSISTANCE VS CARDIOVASCULAIRE

Bien que ces deux types d'activité puissent sembler très différents (et en fait, ils le sont), ils peuvent tous deux s'incorporer dans un seul et même continuum, tel que présenté ici :

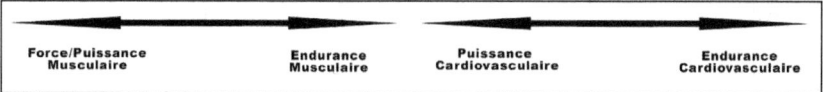

Ainsi, bien qu'un haltérophile soit très puissant, son endurance cardiovasculaire sera plutôt faible. La même chose peut être dite des athlètes d'endurance : ils peuvent maintenir le rythme pendant des heures, mais leur force est habituellement minime.

ENTRAÎNEMENT EN CIRCUIT

L'approche à l'entraînement idéale pour le paresseux... Oh que non! Ne laissez pas le mot « paresseux » vous confondre en erreur : fait de façon correcte, l'entraînement en circuit n'est pas une petite promenade de santé. D'un autre côté, c'est un moyen fantastique de travailler toutes les qualités physiques, même si c'est de manière incomplète. Si vous deviez choisir UN type d'entraînement qui pourrait tout couvrir, l'entraînement en circuit est ce qu'il vous faut.

L'entraînement en circuit combine à la fois l'entraînement en résistance et l'entraînement cardiovasculaire, le tout en un seul et même système. Économie de temps, aucune devinette, relativement efficace, mais brutal. Le principe de base derrière cet entraînement est simple : faire quelques mouvements de musculation, l'un après l'autre, sans faire de pause.

Vous pouvez soit faire des séries complètes avant de passer au prochain exercice prévu dans le circuit, ou vous pouvez faire une répétition par exercice et continuer de faire la rotation des mouvements jusqu'à ce que vous ayez RÉELLEMENT besoin de prendre une pause. Vous pouvez également tenter d'incorporer quelques petites périodes de travail cardiovasculaire, tels la course sur place ou le saut à la corde.

Exemple 1	Exemple 2
Jambes X 10	Jambes X 1
Pectoraux X 10	Pectoraux X 1
Dos X 10	Dos X 1
Corde à sauter (30 secs)	Abdominaux X 1
Abdominaux X 10	Triceps X 1
Triceps X 10	Épaules X 1
Épaules X 10	Biceps X 1
Corde à sauter (30 secs)	Triceps X 1
Biceps X 10	Répétez jusqu'à épuisement
Triceps X 10	Repos
Repos.	

Nous vous suggérons d'utiliser des charges légères plutôt que lourdes au début, pour ensuite les ajuster à votre niveau d'effort perçu. Au fil des séances, vous trouverez les charges adéquates pour vous afin de vous permettre de compléter le circuit en entier. L'idée est de construire des « complexes » d'exercices qui vous permettent de passer de l'un à l'autre dans une transition fluide avec le moins de préparation possible entre chaque mouvement.

Même si vous utilisez ce qui est considéré comme des exercices d'entraînement en résistance, votre cœur et vos poumons travailleront à temps double pour fournir à vos muscles tout le sang et l'oxygène dont ils ont besoin. Pour l'entraînement en circuit, vous pouvez oublier les directives relatives aux séries et aux répétitions présentées ci-haut : poussez et tirez tout simplement jusqu'à ce que vous ne puissiez pas poursuivre, prenez un court repos, puis recommencez.

NOTE SUR LES CENTRES DE CONDITIONNEMENT PHYSIQUE (*GYMS*)

Nous ne parlerons pas tellement de l'entraînement dans un *gym* puisque ce sujet dépasse le sujet de ce livre. Nous vous suggérons d'utiliser des exercices ne requérant pas d'équipement (avec le poids de votre corps) ou encore des exercices qui peuvent être faits avec des objets que l'on peut trouver dans la maison. Cependant, il existe plusieurs avantages à devenir membre dans un *gym* commercial, telle la variété de l'équipement, intervenants compétents (habituellement), l'environnement social, suffisamment de poids pour accommoder les individus les plus forts, etc. Si vous vous entraînez sans poids libres ou appareils, il y a de fortes chances que vous découvriez rapidement que vous êtes limité quant à la charge que vous utilisez pour certains exercices, tels les accroupissements. Si vous pouvez vous le permettre, nous vous suggérons d'au moins visiter quelques centres de conditionnement physique dans votre localité et peut-être en essayer un ou deux, afin de décider ensuite si tout cela est pour vous ou non.

POIDS LIBRES VS APPAREILS

Encore une fois, il y à de multiples pour et contres en ce qui à trait à la supériorité des poids libres (poids et haltères) comparativement aux appareils lorsqu'il est temps d'entreprendre un programme de conditionnement physique. Ici aussi, la vérité se trouve quelque part au milieu. Les poids libres sont parfaitement adaptés aux différentes courbes de force et patrons moteurs du corps humain et ils stimulent tous ces petits muscles stabilisateurs dont l'assistance est indispensable aux gros muscles principaux. D'un autre côté, ils requièrent davantage d'attention lors de leur exécution afin de garder la charge sous contrôle en tout temps, ce qui peut être appris relativement facilement (souvenez-vous : le corps s'adapte au stimulus…) de la même manière dont vous avez appris à vous tenir debout et à marcher.

La plupart des appareils sont « auto-guidés » et, comme tels, peuvent être un peu moins dangereux à utiliser puisque le poids est stabilisé par l'appareil lui-même. Leur inconvénient principal (en terme de bénéfices pour la santé) est qu'ils ne stimulent pas les muscles stabilisateurs, ce qui finit par créer des déséquilibres entre ces derniers et les muscles principaux. Les appareils « verrouillent » le mouvement dans un patron moteur fixe, renforçant ainsi cet angle uniquement. Cela signifie que vos muscles principaux pourront facilement soulever cette grosse pelle chargée de neige, mais vos stabilisateurs ne pourront pas « suivre » vos muscles principaux, n'arrivant pas à stabiliser le mouvement de manière adéquate. La table est mise pour qu'une blessure se produise d'un instant à l'autre. C'est comme d'apprendre à conduire une voiture puissante sur un rail (comme un train) pour ensuite s'attendre à pouvoir garder le contrôle une fois la voiture sur la route. Le moteur est puissant, mais le conducteur n'est simplement pas habitué à manier le volant. Bref : les appareils vous assurent une relative sécurité <u>dans</u> le *gym*, mais vous « prépare » à vous blesser une fois que vous <u>sortez</u> du *gym*. Dans la plupart des cas, un programme d'entraînement en résistance ne devrait jamais être monté en incluant uniquement des appareils.

À PROPOS DES ENTRAÎNEURS

Vous n'avez pas besoin d'un entraîneur pour améliorer votre santé et niveau de conditionnement général. CEPENDANT, tout comme il existe des menuisiers pour réparer votre toiture, des mécaniciens pour réparer votre voiture, les entraîneurs peuvent être une mine d'or d'information qui peut vous aider à atteindre vos objectifs plus rapidement et probablement de manière plus sécuritaire que si vous jouiez à l'entraîneur avec vous-même. Bien sûr, si tout ce que vous faites pour conserver la forme est de jogger tous les 2 jours, de faire quelques tractions à la barre dans un parc public combiné à quelques pompes le matin au levé, vous n'aurez pas vraiment besoin d'un entraîneur. Si vous désirez pousser les choses un peu plus loin cependant, un entraîneur peut être un bon investissement. Le meilleur conseil que je puisse vous donner est d'essayer et ensuite décider si cela vous convient ou non.

DESCRIPTION DES EXERCICES

Jambes (quadriceps)

Accroupissements avant : Commencez avec les pieds à la largeur des épaules. Vos orteils devraient pointer légèrement vers l'extérieur, jamais vers l'intérieur, car il résultera des problèmes de genoux. Vous devriez regarder droit devant vous, sans pencher la tête. Le corps tend à suivre la direction des yeux, alors si vous regardez vers le bas, vous courez le risque de perdre votre équilibre. Si vous faites cet exercice avec une charge lourde, cela pourrait être dangereux.

Si vous utilisez une barre, elle devrait être placée haut sur la poitrine, reposant sur vos épaules. Idéalement, vous devriez croiser vos bras devant vous et toujours toujours toujours garder vos coudes élevés, autrement vous échapperez la barre qui roulera sur vos bras. Si l'exercice ne vous semble pas inconfortable, alors vous ne le faites pas convenablement. Il y a de très fortes chances que vous ressentiez un certain inconfort sur la partie avant de votre cou, puisque la barre s'appuiera légèrement contre votre gorge, cela est normal.

Tout en gardant vos talons bien ancrés au plancher, inspirez et reculez vos hanches comme si vous alliez vous asseoir, mais gardez votre dos aussi plat que possible. Souvenez-vous : cet exercice est mené par les hanches, c'est de là que provient la force, principalement. Focalisez votre attention sur vos hanches. Continuez à descendre en fléchissant les genoux. Assurez-vous que vos genoux suivent vos orteils et ne les laissez pas s'évaser vers l'intérieur.

Allez aussi bas que possible SANS arrondir votre dos de QUELQUE façon que ce soit (ceci est très important). Gardez votre dos plat en tout temps. Arrondir votre dos placera énormément de pression sur votre région lombaire, surtout sur les disques intervertébraux. Allez aussi bas que possible (plus vous allez bas, plus vous impliquez les ischio jambiers et les fessiers) afin de faire travailler autant de muscles des hanches et des jambes que possible, faisant de l'exercice un mouvement plus complet.

 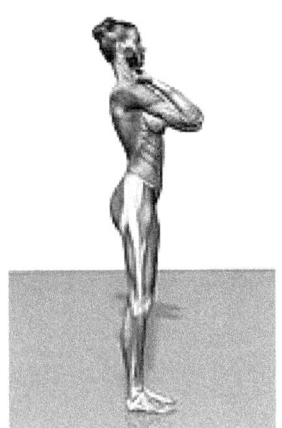

Accroupissements avant

Fentes : Tenez-vous droit avec les pieds à la largeur des épaules. Vous pouvez tenir une paire d'haltères dans vos mains. Faites un pas vers l'avant d'une longueur d'environ 3 pieds et commencez à fléchir les deux genoux, comme si vous alliez vous agenouiller d'une seule jambe. Il est important de garder le tronc droit et de faire l'effort de transférer autant de poids que possible sur la jambe arrière. À mesure que progresse la série, vous aurez peut-être tendance à fléchir de moins en moins la jambe arrière, et de pencher le tronc vers l'avant de plus en plus, ce que vous devriez tenter d'éviter. Un bon truc est d'imaginer que votre visage frappe un mur, ensuite laissez-vous glisser le long de ce mur imaginaire. Encore mieux : faites l'exercice devant un vrai mur afin que le pied avant touche le bas du mur. Ainsi, lorsque votre genou touchera le mur, vous n'aurez pas d'autre choix que de transférer votre poids sur votre jambe arrière. Descendez jusqu'à ce que votre genou arrière touche presque le sol, et retournez à la position de départ. Vous pouvez faire plusieurs répétitions d'une seule jambe avant de changer de jambe, ou encore alterner les jambes à chaque répétition.

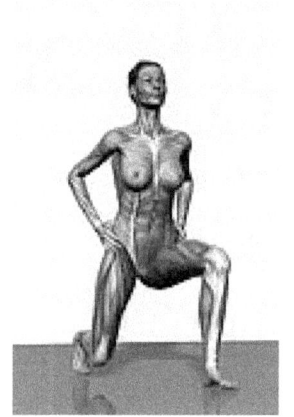 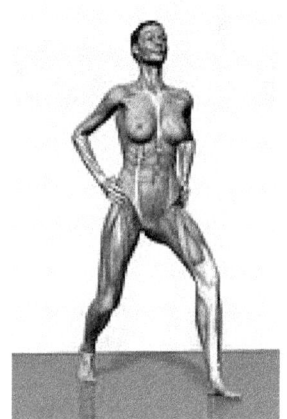

Fentes

Sissy Squat: Ne laissez pas le nom vous induire en erreur : cet exercice est plutôt ardu pour les jambes! Placez vos pieds à largeur des épaules et saisissez un objet fixe pour assurer votre équilibre. Vous pouvez tenir un poids contre votre poitrine avec votre main libre. L'idée est de fléchir les genoux tout en gardant les hanches aussi neutres que possible. Laissez votre corps pencher vers l'arrière en fléchissant les genoux et laissez vos talons décoller du plancher. Allez aussi bas que possible en tentant d'aller de plus en plus bas à mesure que vous progressez. Retournez à la position debout en tendant les jambes, toujours en gardant les hanches aussi neutres que possible. Assurez-vous que vos orteils pointent vers l'avant et que vos genoux ne pointent pas vers l'intérieur ni l'extérieur.

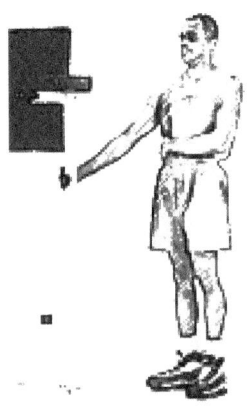 

Sissy Squat

Soulevé de terre jambes tendues : Tenez-vous debout avec les pieds placés plus étroits que la largeur des épaules. Fléchissez très légèrement les genoux (afin qu'ils ne soient pas « barrés »). L'angle au genou devrait demeurer aussi fixe que possible pendant tout le mouvement. Le mouvement est initié à partir de la hanche. Vous penchez le tronc vers l'avant en fléchissant à l'articulation de la hanche, ne fléchissez PAS le bas du dos. Le faire mettrait énormément de pression sur votre région lombaire et le risque de blessures augmente grandement. Donc, gardez votre dos aussi plat que possible pendant tout le mouvement. Un truc pour vous aider à faire cet exercice correctement est d'imaginer que vous poussez vos fessiers vers l'arrière, comme si vous tentiez d'aller toucher au mur derrière vous. La plupart des gens manquent de flexibilité au niveau des ischio-jambiers, alors ils ressentiront un profond étirement à l'arrière de la jambe. C'est la sensation que vous devriez rechercher. Allez aussi bas que possible (encore une fois, SANS arrondir le bas de votre dos, en le gardant aussi plat que possible), et ensuite redressez-vous, en faisant une extension de la hanche.

Soulevé de terre jambes tendues

Élévation des hanches : Cet exercice se fait sur le dos. Placez vos pieds sur une surface solide d'une hauteur d'environ 2 pieds. Fléchissez très légèrement les genoux et fixez-les dans cet angle. L'idée est de soulever les hanches vers le plafond en utilisant les ischio-jambiers. Assurez-vous de pousser avec les muscles se trouvant derrière la jambe et que vous ne finissez pas par fléchir les genoux, en soulevant avec les quadriceps. Laissez-vous descendre sans que vos hanches touchent le sol avant que la série ne soit terminée.

Élévation des hanches

Flexion des jambes : Cet exercice requiert un appareil. Couchez-vous sur le ventre sur l'appareil et placez vos pieds (au niveau du tendon d'Achille) sous le rouleau coussiné. La jambe devrait être droite et les genoux devraient se trouver hors du coussin sur lequel vous êtes couché. Pointez vos pieds vers vous (si vous les pointez loin de vous, vous risquez d'avoir une crampe) et fléchissez les jambes jusqu'à ce que le rouleau touche vos fessiers. Retournez à la position de départ sans déposer le poids pendant la série.

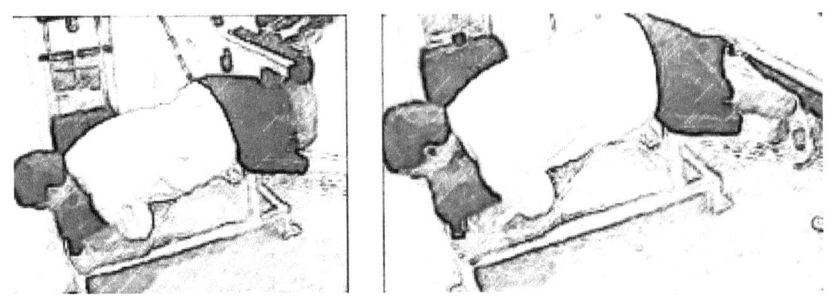

Flexion des jambes

DOS

Traction à la barre : Vous aurez besoin d'une barre avec laquelle vous soulever. Attrapez la barre les mains à la largeur des épaules, les paumes vers vous. Une prise alternative consiste à saisir la barre avec le dos de vos mains vers vous, mains plus larges que les épaules. Cette prise est plus difficile, mais isole mieux les muscles du dos. Soulevez-vous en vous efforçant d'utiliser les muscles du dos au lieu des muscles des bras. Vos bras s'épuiseront sans doute en premier, avant votre dos, mais faites tout de même un effort afin d'impliquer au maximum les muscles du dos. Évitez de donner des coups de pied pour vous aider à vous soulever puisque cela provoquera probablement un balancement du corps d'avant en arrière, ce qui ruinerait votre tempo. Si cet exercice est trop difficile pour vous, vous pouvez utiliser un appareil conçu pour imiter ce mouvement, qui est pratiquement le même, excepté que vous amenez la barre vers vous au lieu de vous vers la barre.

Traction à la barre

Tirage vertical buste penché : Fléchissez légèrement les genoux et fixez-les dans cet angle, tout en conservant votre dos aussi plat que possible (imaginez que vous poussez contre le mur derrière vous avec vos fessiers). Saisissez une barre (ou tout autre objet lourd) en utilisant une prise qui est approximativement le double de la largeur de vos épaules, les paumes vers vous. Tirez sur la barre vers vos hanches au moyen des muscles du haut de votre dos. Ramenez le poids vers le bas, sans toucher au plancher et sans fléchir les genoux ni arrondir votre dos.

Tirage vertical buste penché

Pull-over : Couchez-vous sur un banc (ou sur le sol) et saisissez un objet lourd dans vos mains, objet que vous amènerez au-dessus de votre tronc, en gardant vos bras tendus. Prenez une grande inspiration, maintenez-la dans vos poumons, et amenez le poids aussi bas que possible vers l'arrière. Fléchir les bras est acceptable, mais essayez de limiter cette flexion autant que possible, car ceci enlèverait de la stimulation aux muscles du dos (ce qui est le but de cet exercice) pour la transférer aux triceps.

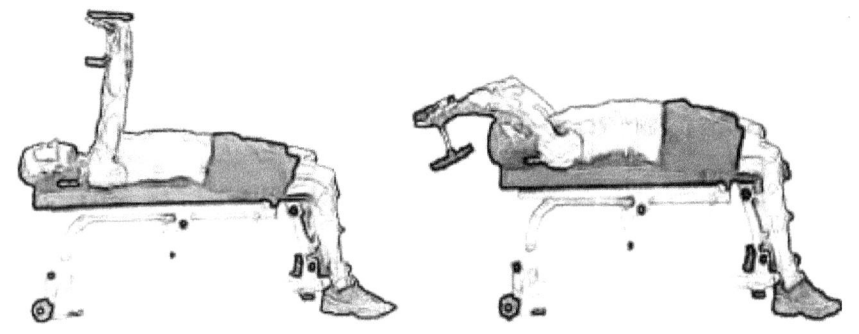

Le *pull-over*

PECTORAUX

Pompes (*push ups*) : Ce mouvement est probablement l'exercice le plus connu au monde. Afin de vous assurer que vous travaillez les muscles pectoraux autant que possible, utilisez une prise assez large, environ le double de la largeur de vos épaules. Une prise plus étroite chargerait davantage les triceps, ce qui n'est pas mauvais, mais n'est pas l'objectif de cet exercice. Assurez-vous de toujours garder votre corps aussi droit et plat que possible (ne laissez pas vos hanches se creuser et aller plus bas que vos épaules). Afin d'assurer que vos pectoraux travaillent au maximum, gardez vos coudes vers l'extérieur.

Pompes

Pompes déclinées : Les pompes déclinées sont plus difficiles à faire que les pompes régulières puisque le stress est déplacé sur les parties plus faibles de la structure musculaire de la poitrine et des épaules. Les mêmes règles s'appliquent ici (prise large, corps droit et rigide, coudes vers l'extérieur, etc.). La seule différence est que le mouvement doit être fait avec les pieds surélevés. Utilisez un banc ou toute autre surface dont la hauteur est d'environ deux pieds.

Écartés couchés : L'écarté couché se fait en position de supination (face vers le haut). Tenez deux objets de poids identique dans chaque main, juste au-dessus des yeux, les bras en extension presque complète. Il est important de ne pas faire une pleine extension des bras en faisant cet exercice pour éviter de la tension indue au niveau des coudes. Commencez le mouvement en abaissant les charges vers l'extérieur. Allez aussi loin que possible et une fois arrivé au plus bas, vous devriez amener vos mains au niveau de l'oreille pour maximiser l'étirement au niveau du muscle pectoral (n'approchez pas les poids de vos oreilles : amenez-les à la hauteur des oreilles).

Écartés couchés

ÉPAULES

Levé militaire: Depuis l'aube de l'humanité, les humains ont levé des objets au-dessus de leur tête pour démontrer leur force. Ce mouvement peut être difficile à faire, surtout si vous manquez de flexibilité au niveau des épaules. Le mouvement peut-être fait assis ou debout, quoique, dans ce dernier cas, une attention supplémentaire devrait être apportée au bas du dos pour éviter une lordose (creux) excessive au niveau de la région lombaire, ce qui pourrait provoquer des blessures. Si vous choisissez de faire ce mouvement debout, assurez-vous de faire pivoter votre bassin vers l'avant pour aider à aplatir le bas du dos (quoi qu'il ne puisse être complètement maintenu droit), ce qui renforcera grandement votre base de support pour la charge que vous soulevez au-dessus de votre tête. Utilisez une prise qui permet à vos coudes de faire un angle de 90 degrés lorsque vos mains se trouvent juste au-dessus du niveau de vos oreilles.

Levé militaire

Tirage vertical debout : Il s'agit d'un excellent mouvement pour toute la musculature des épaules, bien qu'il travaille surtout le trapèze supérieur et la tête latérale du deltoïde. Saisissez la barre avec une prise de la largeur des épaules. Commencez à lever la barre en utilisant vos épaules et NON vos biceps. Afin de vous aider à créer le lien cerveau-muscle et pour vous assurer que le travail est fait par vos épaules et non vos biceps, imaginez que deux câbles tirent sur vos coudes pour les soulever. Les mains et les avant-bras ne servent ni plus ni moins que de crochets pour tenir la charge, mais le travail est fait par les épaules et les trapèzes. Les coudes devraient toujours demeurer au-dessus de la barre. Si vos coudes finissent par se retrouver sous la barre, c'est que vous tirez surtout avec les muscles du bras (surtout le biceps) et cela n'est pas l'objectif de cet exercice.

Tirages verticaux debout

BICEPS

Flexion des bras à la barre : Ce mouvement est probablement le premier exercice auquel les gens pensent lorsqu'ils entendent le mot « entraînement ».. Il est très facile à faire, bien que certains points doivent être gardés à l'esprit afin de le faire de manière correcte. Commencez en saisissant la barre avec une prise de la largeur des épaules, le dos de vos mains vers vous. Fléchissez simplement les bras pour soulever la charge. La plupart des gens auront tendance à avancer les coudes pour finir le mouvement, rendant la fin du mouvement plus facile. Cela est une erreur puisque non seulement la tête antérieure du deltoïde entre en jeu, mais la modification des leviers enlève beaucoup trop de travail aux muscles cibles (les biceps). Afin de faire ce mouvement correctement, imaginez que vos coudes sont liés par un essieu unique.

Flexion des bras à la barre

Flexion des bras prise « marteau » : Ce mouvement est assez semblable à la flexion des bras à la barre, excepté pour la prise. Les mains doivent être en position de semi-supination (les paumes se faisant face, comme si vous teniez un marteau, d'où le nom). Les coudes doivent toujours demeurer de chaque côté du corps dans aller vers l'avant. Cette différence de prise fait travailler plusieurs muscles de l'avant-bras.

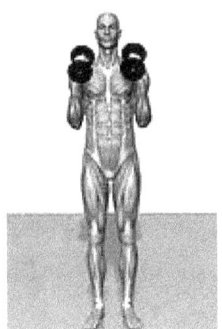 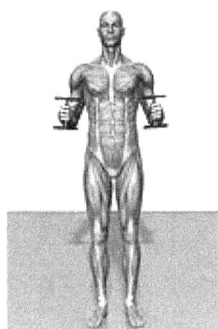

Flexion des bras prise « marteau »

Flexion des bras concentrée: Cet exercice se fait assis. Vous devrez appuyer le coude du bras entraîné à l'intérieur de votre cuisse. Saisissez un poids, votre paume vers le mur devant vous. Soulevez la charge en évitant de vous balancer ou d'utiliser un élan en « tirant » avec votre tronc. Assurez-vous que c'est votre biceps qui fait le travail. Vous aurez peut-être tendance à basculer vers l'arrière pour compléter vos répétitions à mesure que la série progresse, ce que vous devriez éviter.

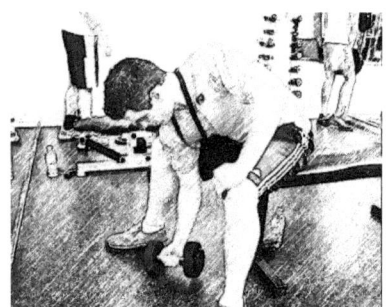 

Flexion des bras concentrée

TRICEPS

Pompes prise rapprochée : Ressemble énormément aux pompes régulières, qui ciblent les muscles pectoraux, les pompes prise rapprochée transfèrent la charge aux triceps. Pour vous assurer de travailler les triceps autant que possible, utilisez une prise suffisamment étroite, tout au plus à largeur des épaules, mais idéalement plus étroite. Gardez votre corps droit et plat (ne laissez pas vos hanches se « creuser »). Gardez vos coudes aussi près du corps que possible.

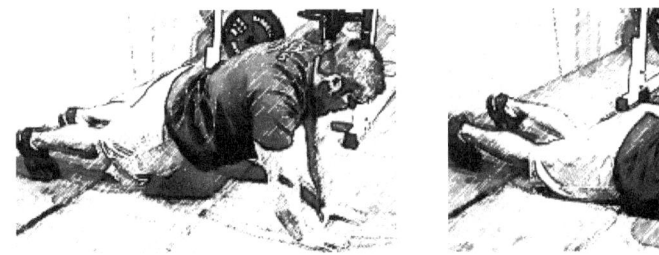

Pompes prise rapprochée

Dips **au banc:** Cet exercice peut être fait les pieds au sol ou sur un banc. Pour faire ce mouvement, assoyez-vous sur le bord d'une chaise ou d'un banc (assurez-vous que la surface soit solide afin d'éviter qu'elle ne bascule ou ne glisse). Placez les deux mains de chaque côté de vos hanches, et soulevez-les en vous éloignant légèrement de la chaise. Tout en gardant vos coudes aussi près de votre corps que possible, amorcez votre descente en allant aussi bas que vous le pouvez. Vous ressentirez un étirement, ce qui est normal. Vous pouvez placer une charge sur vos cuisses pour augmenter la résistance.

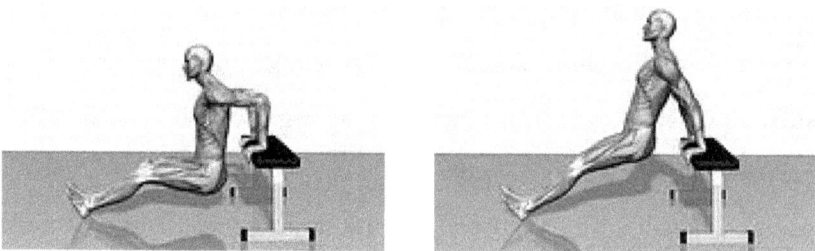

Dips au banc

Kickback: Cet exercice se fait avec le torse parallèle au plancher. Le coude est soulevé le long du corps et le haut du bras est également parallèle au sol. Tenez un poids dans votre main et assurez-vous de ne pas amener l'avant-bras plus bas que 100 degrés (juste avant qu'il ne soit perpendiculaire au sol), autrement vous déchargeriez complètement le triceps de sa charge de travail. Soulevez le poids en « ruant » l'avant-bras vers l'arrière jusqu'à ce que tout votre bras soit parallèle au plancher. N'abaissez PAS le coude puisque cela réduirait l'amplitude de mouvement efficace de l'exercice.

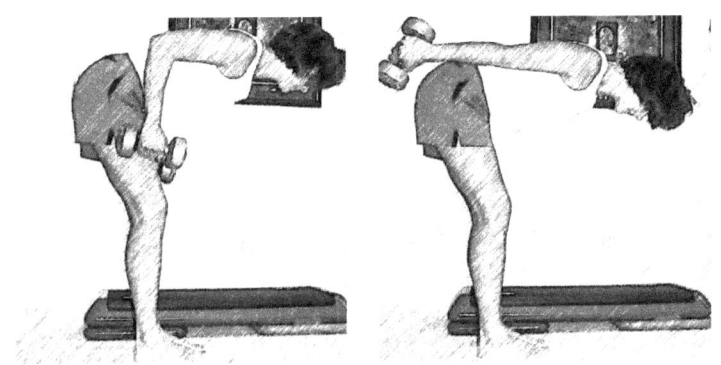

Kickback

ABDOMINAUX

***Jack Knives*:** Cet exercice est excellent pour les muscles abdominaux, bien qu'il exige un certain apprentissage et un peu de pratique. Couchez-vous sur une surface plane (vous pouvez le faire au sol). Imaginez que vous tentez de faire toucher votre cage thoracique et votre bassin, en vous enroulant sur vous-même. Vous vous retrouverez en équilibre (ou en déséquilibre!) sur vos fessiers. Ne vous reposez pas complètement sur votre dos lors de votre retour, puisque cela enlèverait de la tension sur vos muscles abdominaux.

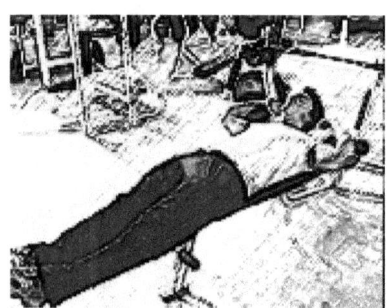 

Jack Knives

Twisted Crunch : La paroi abdominale est une structure musculaire à la fois simple et complexe. Ce que l'on appelle communément « les abdos » est en fait composé de couches de muscles, chacune avec sa propre fonction : fléchir le tronc vers l'avant, de chaque côté ou en diagonale. Le *twisted crunch* travaille bien la portion supérieure des abdominaux qui font pivoter le tronc, et il est relativement facile à exécuter. Couchez-vous sur le dos (sur le sol ou sur un banc d'exercice), fléchissez vos jambes afin de stabiliser votre base de support et pour enlever un peu de tension sur votre région lombaire. Soulevez simplement le torse en le faisant pivoter, comme si vous tentiez d'amener l'épaule vers la hanche opposée. Retournez à la position de départ sans déposer le dos au sol, puis faites l'autre côté.

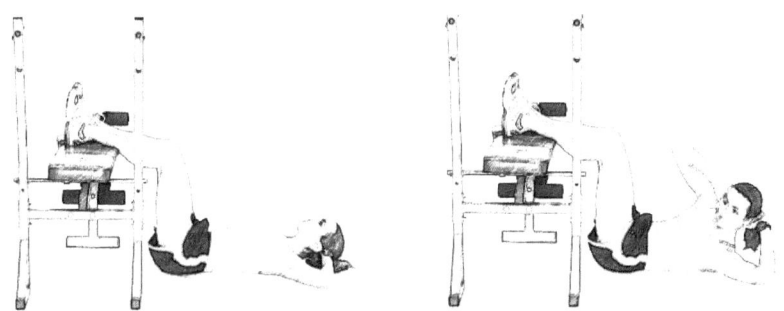

Twisted Crunch

***Crunch* inversé :** En travaillant leurs abdominaux, plusieurs personnes ont tendance à travailler de manière excessive la portion supérieure de la sangle abdominale et à négliger la portion inférieure. Pourtant, cette dernière mérite autant, sinon plus, de travail, puisque c'est elle qui supporte principalement les organes internes, luttant contre la gravité qui les tire vers le bas et vers l'extérieur. L'exécution de cet exercice est presque la même que pour le *twisted crunch*, sauf que vous soulevez et faites pivoter le bassin au lieu du tronc.

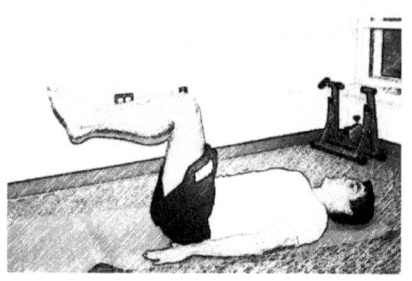 

Crunch inversé

Il ne s'agit pas là d'une liste complète de tous les exercices, LOIN de là! Il existe plusieurs variantes des exercices décrits ci-haut, et il existe également des centaines d'autres exercices pour les mêmes groupes musculaires, en plus de leurs variantes propres. La sélection ci-dessus vous donne simplement un point de départ. Un excellent ouvrage sur ce sujet précis est *Getting Stronger*, par Bill Pearl. Le livre répertorie des douzaines et des douzaines d'exercices qui peuvent être faits pour chaque groupe musculaire, chacun d'eux illustré de façon précise.

UN MOT À PROPOS DES ÉTIREMENTS

Les étirements sont une composante très importante de la santé, pourtant ils sont souvent faits de manière nonchalante, ou pas du tout, après un entraînement de 45 minutes. Nous n'en parlerons pas en détail ici, mais nous vous suggérons fortement de faire vos recherches sur ce sujet. En règle générale, si vous entraînez un muscle en résistance, vous devriez également l'étirer. Plusieurs experts recommandent de faire des étirements pour un muscle pour une période de temps égale que celle pendant laquelle vous l'entraînez. Tout comme pour l'entraînement en résistance, les étirements peuvent aider à corriger des problèmes de posture, déséquilibres, tensions indues provoquées par des compensations musculaires, etc. Le sujet est trop vaste pour en parler ici, mais vous devriez tenter de demeurer suffisamment souple en vous étirant régulièrement. Un excellent livre sur ce sujet, similaire à *Getting Stronger* de Bill Pearl, est *Stretching*, par Bob Anderson.

UN MOT À PROPOS DE LA POSTURE

La posture est également très importante. Encore une fois, une mauvaise posture découle souvent d'années de surutilisation de certains muscles, ou tout simplement de nonchalance. Une lordose excessive (la courbe au niveau de la région lombaire), l'hypercyphose (épaules arrondies et vers l'avant, le look de l'homme des cavernes), tonus insuffisant au niveau des muscles abdominaux, mauvais positionnement des pieds, patron de marche inadéquat, etc. sont habituellement les conséquences visibles d'une mauvaise posture, qui elle peut provoquer des douleurs et problèmes qui auraient pu être facilement évités.

En règle très générale, et en prenant en considération les erreurs de postures les plus communes, vous devriez essayer de marcher bien haut : soulevez le menton, tenez votre tête droite, regardez droit devant vous (au lieu de regarder vers le sol). Imaginez que vous êtes une marionnette et que la seule chose qui vous permet de vous tenir debout est une ficelle imaginaire fixée à votre crâne. La même chose s'applique lorsque vous êtes assis. Vous devriez faire un effort pour rejeter les épaules vers l'arrière et pour faire pivoter votre bassin vers l'avant (en avançant les fesses) tout en tirant vos abdominaux vers l'intérieur. Si vous faites cela, vous serez déjà sur le bon chemin pour améliorer de façon significative votre posture.

Cela dit, corriger une mauvaise posture requiert une analyse en profondeur afin de tenir compte de plusieurs variables. Certains muscles seront habituellement trop faibles, d'autres trop forts, d'autres trop raides ou trop relâchés. Un entraîneur chevronné saura faire une analyse adéquate et recommander le bon programme d'étirement et de conditionnement musculaire.

NUTRITION

Pas le temps de bien manger? Fatigué de manger les mêmes aliments jour après jour? Vous ne savez plus quel expert écouter en matière de bonne nutrition ? Pourtant, les règles de bases d'une alimentation saine sont très simples et déjà connues de tous.

Plusieurs personnes cherchent les toutes dernières découvertes en matière de diététique, mais négligent la base. Les pages suivantes traitent justement de ces bases, vous évitent d'avoir à deviner quoi que ce soit en matière de préparation de repas variés, sains et, encore plus important, vous présente une méthode sur la façon d'y arriver en un temps record!

Allumez un feu, aiguisez vos couteaux et redécouvrez jusqu'à quel point il est facile de bien manger!

Auriez-vous l'endurance et la force physique aujourd'hui pour partir en montagne ou dans une plaine afin de cueillir votre nourriture, de la cultiver ou de la chasser? Certains diront : « Pourquoi? Nous n'avons plus besoin de faire ça pour survivre! »

Pour survivre, non.

L'homme moderne survit, même s'il bouge de moins en moins et qu'il s'alimente de plus en plus mal. Il survit tellement bien que, malgré une santé qui régresse, l'homme moderne allonge sa durée de vie. Dommage que la qualité de ces années supplémentaires ne soit pas toujours au rendez-vous...

Non : pour survivre, nous n'avons plus besoin de courir, de nager, de grimper, de travailler dur physiquement, ni de manger des aliments sains. Toutefois, pour VIVRE pleinement, notre corps doit encore demeurer actif et tirer sa nutrition d'aliments riches en bons nutriments.

Imaginez-vous de retour à une époque ancienne où l'on ne raffinait pas encore nos grains et où l'on mangeait des plantes riches en nutriments ainsi que des viandes provenant d'animaux vigoureux et plus maigres, qui vivaient en liberté et que l'on devait chasser soi-même. L'humain devait bouger et réussir, son corps devenant un outil nécessaire à sa propre survie.

Eh! bien, cette époque n'est pas si lointaine et nos gênes n'ont pas énormément évolué depuis les derniers millénaires. Ce qui a changé plus rapidement que notre génétique, c'est notre mode de vie. L'homme moderne ne marche plus des kilomètres à la recherche de nourriture. Il ne grimpe plus aux arbres pour échapper aux prédateurs. Il ne déploie plus vraiment d'efforts pour pousser, tirer et déplacer des objets. Il ne travaille plus physiquement.

La vie moderne est facile. Elle nous a endormis. Nous ne bougeons plus, nous n'explorons plus, nous ne sommes plus aussi résistants que nous l'étions. Il y a des escaliers roulants et des ascenseurs partout alors que 95 % des gens qui les utilisent pourraient très bien s'en passer. Nous n'avons même pas à sortir de la maison pour avoir de la nourriture : nous pouvons nous la faire livrer!

Marcher semble un supplice pour plusieurs, alors que notre physionomie s'y prête de façon exceptionnelle. Notre corps est devenu mou et, avec lui, notre volonté et notre force de caractère.

Peut-on se surprendre que nous soyons portés à manger davantage pour le plaisir que pour se nourrir sainement? L'équilibre est rompu.

DE RETOUR AU 21ᵉ SIÈCLE
Je ne vous apprends rien en vous disant que la nutrition et l'activité physique sont probablement les composantes les plus simples à manipuler et à mettre en pratique en ce qui a trait aux saines habitudes de vie.

De plus, c'est la nutrition qui a le plus d'incidence sur la santé et la qualité de vie à court, à moyen et à long terme, et c'est aussi la nutrition qui aura le plus grand impact sur les gains que vous retirerez de vos nombreuses heures passées au *gym*.

Pourtant, c'est la variable la plus négligée, que ce soit par ignorance, par manque de « savoir-faire » ou par simple paresse.

Le but de ce livre est justement de pallier cet état de choses. Maintenant, vous pouvez demeurer ignorant, incompétent et paresseux et tout de même manger de façon efficace.

Blague à part, non seulement vous apprendrez comment manger sainement et efficacement tout en tenant compte de vos objectifs dans le *gym* sans devoir passer la semaine à cuisiner, mais en plus, j'ai inclus en annexe une panoplie de recettes qu'il vous sera facile de réaliser en moins de cinq minutes!

CE LIVRE EST DIVISÉ EN TROIS SECTIONS

Symbiose Corps-Assiette : Une discussion pleine de bon sens qui ratisse large sur la nutrition et l'alimentation. Avec seulement les quelques principes de base qui s'y trouvent, vous pouvez dire « bye-bye » aux théories et recommandations alimentaires interminables et compliquées!

Logistique de la cuisine : Il est temps de passer au plan de match. Top-chrono, on vous montre comment entrer et sortir de la cuisine en moins de 120 minutes pour régler le dossier de la préparation de vos repas de la semaine, le tout à partir d'une dizaine d'ingrédients de base seulement!

Bienvenue chez DFN! Puis-je prendre votre commande? Vous trouverez ici une quinzaine de recettes faciles à préparer en moins de cinq minutes qui vous permettront de manger de façon saine, sans vous faire traiter de « granola » par vos collègues de travail!

SYMBIOSE CORPS-ASSIETTE

L'alimentation de l'être humain est celle qui a le plus changé comparativement à celle de n'importe quelle autre espèce animale au cours des 10 000 dernières années, et encore plus au cours du dernier siècle. En ayant à l'esprit que l'évolution de la génétique humaine s'échelonne sur toute l'histoire de l'humanité, 10 000 ans, c'est très peu.

Pour les puristes : oui, on sait que l'Homme de Néanderthal s'est éteint il y a environ 30 000 ans. L'Homo sapiens avait sans doute une alimentation assez proche de celle de l'Homme de Néanderthal, mais l'idée de donner à ce livre le titre de « Diététique athlétique sapiens » était non seulement impopulaire, mais n'offrait pas non plus l'impact phonétique désiré.

Auparavant, la viande consommée par l'homme provenait d'animaux plus sains. Ces animaux bougeaient plus que ceux d'aujourd'hui, que l'on force, somme toute, à se gaver et à rester le plus immobiles possible (tout comme l'homme moderne tend à faire, en réalité). Leur viande contenait beaucoup moins de gras que celle que l'on retrouve à l'épicerie. Sans en faire une maladie, on ne peut tout de même pas ignorer non plus les « suppléments » que l'on donne aux animaux de boucherie. Jusqu'aux dernières nouvelles, les seringues d'anabolisants et autres produits chimiques administrés par l'homme ne poussaient pas dans les champs il y a 10 000 ans.

À l'époque, les gens consommaient davantage de plantes entières, ce qui leur assurait un apport plus grand en nutriments et en fibres. Les boissons gazeuses ne coulant pas le long des parois rocheuses, le breuvage de choix était l'eau. Les gâteries comme le miel étaient rares (encore fallait-il braver les armadas d'abeilles pour se le procurer) et disponibles seulement de façon saisonnière.
Avec tous ces avantages, vous devez croire que c'était une belle époque pour la nutrition saine, n'est-ce pas? Mais détrompez-vous. Même si la nourriture était plus naturelle, moins « intoxiquée » et transformée, c'était tout de même une époque difficile.

Pour manger, il fallait travailler dur! Pas de beaux steaks pré-emballés dans des pellicules plastiques. Pas de fruits en vrac préservés par des pesticides. Pas de gruau au kilo. Pas de protéines en poudre. Rien que des plantes (certaines vénéneuses) et des animaux sauvages qui pensaient sûrement que vous feriez, vous aussi, un bon repas.

Pas assez de protéines? Aucun problème : allez donc vous couper une part de cet ours des cavernes pendant qu'il dort et, quand vous aurez réussi à lui arracher un morceau et à vous échapper, vous pourrez soit le manger tel quel, c'est-à-dire cru, sanguinolent et avec quelques poils, ou le faire cuire sur le feu : brûlé à l'extérieur et encore rouge à l'intérieur.

Les ours vous font peur et vous n'osez pas les approcher? Qu'à cela ne tienne, il doit bien rester une carcasse de bison quelque part qui ne soit pas encore totalement pourrie, que vous pourrez partager avec quelques charognards, si l'odeur ne vous repousse pas trop.

Petite baisse de sucre?! Pas assez de glucides?! Solution simple : devinez laquelle parmi ces douzaines de plantes multicolores n'est pas mortellement vénéneuse et servez-vous.

Une légère carence en minéraux?! Pas de panique : le tas de terre que voici contient ce dont vous avez besoin pour que tout rentre dans l'ordre.

Vous voyez, l'alimentation de nos ancêtres n'avait pas que des avantages! Par contre, de nos jours, nous avons la chance de pouvoir profiter d'une grande partie des avantages de cette diète ancienne et d'en limiter les inconvénients. La principale chose que nous devrions nous efforcer d'imiter : manger beaucoup d'aliments denses en nutriments, mais faibles en calories totales.

Rien dans notre environnement ne constitue un problème en soi. Un ordinateur, un fusil, la télévision, l'alcool... ABSOLUMENT TOUT ce qui nous entoure est totalement neutre. La source des problèmes, c'est l'excès ou la mauvaise utilisation de ces choses.

Évidemment, il en va de même pour la nourriture. Je ne vous apprendrais rien si je vous disais que la consommation de mauvais gras et de glucides raffinés (accompagnant souvent un excès de calories en général), est beaucoup trop importante dans l'alimentation de nos sociétés, alors que la quantité de fibres, d'eau et de micro-nutriments est cruellement déficiente. Rarement nos ancêtres avaient-ils le loisir de manger 1 500 calories en un seul repas, alors que pour nous, c'est facile (et courant).

Cumulez ceci avec le manque flagrant d'activité physique et vous obtiendrez les deux facteurs responsables de l'augmentation aiguë du taux d'obésité.

En effet, nous n'avons plus besoin de travailler très fort pour manger. Tout le travail ardu de chasser, de tuer, de découper, de cuire et de conserver la nourriture a été fait pour nous. Plus de lait? De pain? De beurre? Plus de biscuits aux pépites de chocolat, de croustilles ou de boisson gazeuse? Le seul effort que nous avons à faire consiste à traîner nos pieds jusqu'à la voiture. Envie d'un repas déjà préparé, incluant les condiments, les boissons et même les petites serviettes en papier?! Pas même besoin de traîner nos pieds jusqu'à la voiture : un simple coup de fil et c'est livré!

Très souvent, après un gros repas, en plus de vous sentir somnolent et amorphe, votre sang se charge de glucose, de triglycérides et d'insuline, cocktail dévastateur pour quiconque cherche à garder sa santé et sa ligne. Jamais le corps ne peut utiliser autant d'énergie en une seule « dose », alors que fait-il? Il l'emmagasine.

Il existe bel et bien des acides aminés dits essentiels. Il existe aussi des acides gras essentiels. Mais un glucide essentiel, ça n'existe pas. Il y a de nombreuses écoles de pensée à ce sujet mais, selon moi, la quantité d'énergie et surtout de glucides que nous ingérons devrait refléter notre niveau d'activité. Moins un individu bouge, moins il a besoin de glucides dans son alimentation quotidienne.

Les glucides ont un énorme impact sur l'appétit et la prise alimentaire, ce qui en fait, à mon avis, une lame à double tranchant. Les gras et les protéines ne provoquent que de légères variations de la glycémie. Les glucides, surtout s'ils sont à indice glycémique élevé, peuvent envoyer votre glycémie faire des tours de montagnes russes. Inutile de vous dire que d'avoir une glycémie en dents de scie est loin d'être une situation souhaitable.

Je ne voudrais pas être mal compris : les glucides ne sont PAS mauvais, au contraire! Voyez-les comme une source d'énergie, ce qu'ils sont. La quantité de glucides que quelqu'un ingère devrait être conditionnelle à son niveau d'activité. Plusieurs spécialistes recommandent jusqu'à 55 % de calories provenant des glucides dans notre alimentation (parfois davantage!), mais je suis d'avis que c'est un peu excessif pour une grande majorité de gens, même ceux qui sont moyennement actifs.

EFFETS QUE VOUS DEVRIEZ RECHERCHER DANS VOTRE ALIMENTATION

Qu'avez-vous le droit d'exiger comme « rendement » de votre alimentation?! Je vous donne ci-dessous quelques indices et, si vous retirez moins de votre nutrition que ce que vous voyez ici, sachez que vous vous faites berner. Changez de fournisseur.

Tout d'abord, une chose devrait primer sur toutes les autres dans votre esprit quand vous « chassez » vos aliments : votre santé. En effet, pour vous entraîner dur, il vous faut être en santé, pas vrai? Même si votre seule obsession est votre apparence et (ou) votre performance sur le terrain et que votre santé arrive plus bas sur votre échelle de priorité, ce serait réellement dommage si le moindre petit progrès était retardé ou même annulé à cause d'une santé déficiente ou d'une quelconque carence. Alors, votre priorité devrait toujours être votre santé, vu?

Votre diète devrait également contribuer à maintenir votre métabolisme élevé, à vous fournir une énergie stable et à augmenter la quantité d'énergie dépensée sous forme de chaleur par le processus de digestion. Une alimentation élevée en protéines, en fibres et en gras essentiels aide énormément à tout ceci. Ces macronutriments ralentissent la digestion et libèrent l'énergie lentement dans votre sang. L'incidence sur la glycémie est par conséquent moindre, ce qui favorise un niveau d'énergie beaucoup plus stable.

Pour métaboliser les protéines, l'organisme doit dépenser environ 25 % des calories qu'elles procurent, ce qui en fait le nutriment le plus « coûteux » à métaboliser. En fait, les protéines sont le nutriment le MOINS susceptible d'être emmagasiné sous forme de gras.

Grâce à ces caractéristiques, les protéines vous permettent de manger davantage (jusqu'à un certain point), en ayant donc moins l'impression de vous priver, tout en limitant la quantité de calories disponibles pour le « stockage ». Il s'agit là d'un grand avantage pour ceux qui essaient de contrôler ou de diminuer leur taux d'adiposité. En effet, une personne qui essaie de maigrir flanche souvent parce qu'elle en a assez de devoir composer avec la faim.

En mangeant à volonté des sources de protéines variées, des gras essentiels ainsi que des végétaux dans leur forme la plus originale possible, il est à peu près impossible de trop manger : l'envie n'est simplement pas là. La glycémie est au beau fixe, l'énergie aussi et la faim est facilement tenue en laisse. Le contrôle des portions se fait de lui-même.

Très souvent, quand un client me contacte pour que j'analyse son journal alimentaire, je remarque quatre constantes :
Ø   Horaire de repas chaotique
Ø   Carence en protéines
Ø   Carence en acides gras essentiels
Ø   Excès de glucides (souvent à indice glycémique élevé, de surcroît!)

Ce n'est pas seulement une question de calories. La provenance de ces calories est la pierre angulaire de tout plan alimentaire. En fait, il m'arrive régulièrement de faire perdre du poids aux gens alors que je leur recommande un plan alimentaire contenant PLUS de calories que ce à quoi ils étaient habitués, simplement en manipulant leur ratio de macro-nutriments.

Voici donc un bref résumé des avantages mentionnés plus haut. Vous êtes en droit d'en exiger autant de ce qui se retrouve dans votre assiette, ce qui ne serait certes pas le cas si vous choisissiez d'adopter l'alimentation d'un individu « moderne » moyen :

Ø   Densité calorique moindre
Ø   Indice glycémique moindre
Ø   Consommation de produits chimiques moindre

- Dépense énergétique par thermogenèse accrue
- Indice de satiété accru
- Quantité de fibres accrue
- Éléments nutritifs et micro-nutriments accrus
- Stabilité de la glycémie accrue
- Métabolisme maintenu ou accru
- Masse maigre maintenue ou accrue

Vous pourrez aussi oublier toute notion de calcul de portion. Votre appétit sera davantage relié à votre niveau d'activité physique au lieu d'être esclave d'une glycémie et d'une cascade hormonale hors de contrôle. Si vous êtes plus actif, vous aurez plus faim. Si vous êtes moins actif, vous aurez moins faim. La quantité de nourriture que vous mangerez sera le reflet de vos besoins, non pas de votre gourmandise.

COMBIEN DE FOIS PAR JOUR?

Le sujet de la fréquence des repas commence à être un peu redondant, mais puisque tant de gens semblent encore sous le carcan des trois repas par jour, on vous en glisse un mot.

La fréquence des repas est une variable qui influe beaucoup sur vos progrès et elle est très facilement manipulable. On a découvert il y a longtemps qu'il était préférable de manger de plus petits repas, mais plus souvent. On parle ici de cinq à sept prises alimentaires par jour.

À la mention de ces mots, plusieurs personnes sursautent d'étonnement, en se demandant comment il est possible de manger autant dans une journée! C'est parce qu'ils pensent en fonction de leurs vieilles habitudes. Pour bien des gens, un repas consiste à manger jusqu'à satiété, autrement dit à se remplir la panse jusqu'au bouchon. Cependant, les cinq à sept repas dont je parle ici sont plutôt de légers repas, voire même des collations. Quand on explique aux gens qu'en réalité, il ne s'agit que de trois petits repas complétés par trois collations, le concept des cinq à sept repas quotidiens devient moins hors du commun.

En adoptant cette façon de vous alimenter, vous n'aurez jamais réellement faim et votre corps aura toujours des éléments nutritifs à portée de main pour fonctionner de façon optimale. En ayant des niveaux d'énergie plus stables, vous pourrez performer de façon égale tout au long de la journée. De plus, vos objectifs d'entraînement seront plus faciles à atteindre, que ce soit pour perdre du tissu adipeux, pour maintenir votre poids, pour prendre de la masse musculaire ou pour offrir de bonnes performances sur le terrain.

PRÉPAREZ LA CHASSE

Comme votre ancêtre du Néanderthal, vous êtes sur le point de partir à la chasse. Dans les pages qui suivent, nous allons discuter ensemble des « prises » que nous voulons faire. Si vous avez de la peinture et voulez réellement jouer le jeu, trempez-y vos mains et dessinez sur les murs de votre caverne les aliments que vous allez « chasser ». (Si vous habitez dans une maison, vous pouvez omettre cette étape…)

La méthode que je vous propose brille par sa simplicité. En fait, elle se résume très bien en six catégories générales :
- Noix
- Fruits et légumes
- Viandes
- Œufs
- Légumineuses
- Produits laitiers

C'est tout. Ça ressemble probablement de façon étonnante à ce que nous avons toujours mangé depuis des millénaires, ce grâce à quoi notre espèce a évolué et s'est développée. Des fruits, des noix, de la viande, des légumes. Peut-être aussi des œufs et du lait ou du fromage.

Les pommes de terre et le riz étaient probablement disponibles, mais pas au kilo et pas a chaque jour. Des « sucreries » comme le miel étaient des commodités saisonnières, SI on en trouvait. Le pain au levain n'a été inventé qu'autour de 3 000 avant Jésus-Christ et la farine qui le composait alors devait être assez grossière. Donc, si vous DEVEZ prendre du pain ou tout autre produit fait à partir de grains, modérez vos portions et optez pour des produits à grains entiers. Plus ils auront l'air de contenir des copeaux de bois, mieux ce sera.

Les légumineuses sont un excellent aliment et une bonne source de glucides complexes et de fibres. De plus, on en trouve en conserve, déjà cuites, dans les épiceries. Elles sont très faciles à apprêter.

Quand on parle de légumes, un point semble décourager certaines personnes : l'idée de devoir les laver, les couper, les peler, les cuire... En fait, il n'y a rien de plus simple. Dans la prochaine section, je vous indiquerai une façon aisée de préparer en à peine deux heures tous vos repas pour la semaine, incluant les salades.

Les noix variées ont plusieurs avantages : bon goût, facilité de transport, « propreté », bonne teneur en gras essentiels et abondance de vitamines et de minéraux. Elles peuvent très bien faire office de collation rapide, d'autant plus que leur indice glycémique est très bas, ce qui évite les variations de glycémie que provoquent souvent les collations « bonbon ». Étant donné qu'elles sont tout de même denses en calories, il est sage de les consommer avec modération. Normalement, une portion d'environ 50 ml est considérée comme raisonnable.

Des fruits, des noix, de la viande, des légumes, des œufs et du lait ou du fromage. Assurez-vous de n'avoir que ces aliments sous la main de façon à éliminer la tentation des aliments « radioactifs » ou « qui brillent dans le noir » comme la pizza, les croustilles, les friandises, les charcuteries… Pour certains d'entre vous, le « choc historique » sera peut-être un peu brutal; avant longtemps, toutefois, non seulement vous constaterez que vous n'en mourez pas, mais en plus vous vous surprendrez à apprécier cette « nouvelle » alimentation, et vous ne voudrez plus retourner à votre ancienne façon de manger tant le système est simple et sain!

Bon, tout le monde a compris : aliments sains, davantage de protéines, plus de légumes et de fruits, moins de mauvais gras et moins de glucides concentrés. C'est bien beau, mais préparer le tout peut devenir une véritable galère, vrai?

Que non. C'est justement ici que la « magie » de notre petit système s'opère. Ce qui suit est une véritable petite mine d'or pour ceux qui courent contre la montre. De plus, en annexe, vous trouverez une quinzaine de recettes classées par sources de protéines (poulet, thon, œufs…). Toutes ces recettes sont archi simples, faibles en gras, riches en protéines et composées d'aliments sains, au sens où on l'entend ici. Quoiqu'il ne s'agisse pas d'un menu gourmet, avec un minimum d'imagination vous pourrez ajouter épices et assaisonnements de façon à rendre le tout assez savoureux pour que vos amis commencent à reluquer votre boîte à lunch!

Je vais maintenant vous guider étape par étape dans la préparation de vos repas pour toute une semaine. Prêt?

ÉTAPE 1 : LA CHASSE

Je prends pour acquis que votre frigo et votre garde-manger sont vides et que vous devez passer à l'épicerie. Évidemment, les quantités dépendront de vous. Servez-vous de votre expérience pour estimer la quantité de nourriture que vous devrez acheter et préparer.

LISTE D'ÉPICERIE

PROTÉINES
- Poitrines de poulet
- Boeuf haché extra maigre
- Thon en boîte, dans l'eau
- Œufs
- Blancs d'œufs en berlingot
- Fromage maigre

LÉGUMES
- Oignons
- Poivrons
- Piments forts
- Tomates broyées en boîte
- Sauce tomate
- Pâte de tomate

- Légumes congelés et (ou) déshydratés
- Légumes à salade variés (céleri, carottes, radis, épinards, chou, concombres)

GLUCIDES
- Pâtes
- Riz
- Pommes de terre
- Pain pita
- Tortillas
- Pain
- Fruits

ACCOMPAGNEMENTS
Salsa
Ketchup
Relish
Moutarde
Sauce BBQ
Pâte de tomate

CONSEILS POUR CHOISIR VOS PRISES
PROTÉINES
Achetez des poitrines de poulet désossées et sans peau. Choisissez votre boeuf haché vraiment maigre, sinon vous devrez le dégraisser

(je vous expliquerai comment faire plus bas*). Pour ce qui est du thon, choisissez-le conservé dans l'eau.

Pour le fromage, vous avez le choix : il existe une multitude de fromages maigres en épicerie. Par contre, plus ils sont maigres, plus ils sont caoutchouteux, sauf le cottage évidemment. Cela dit, on s'habitue vite au goût et à la texture. Les avantages en valent la peine.

Pour les œufs, on vous propose de vous procurer des œufs entiers, ainsi que des blancs d'œufs vendus en petits cartons. Les deux vont vous servir.

GLUCIDES

Choisissez du riz non précuit, idéalement du riz brun ou sauvage. Pour les pâtes, les pains pitas, les tortillas, choisissez les variétés au blé entier ou multigrains. Soyez alertes! Un rapide coup d'œil à la liste d'ingrédients vous indiquera s'il s'agit d'un vrai pain multigrains ou d'un pain « déguisé » en pain santé. S'agit-il de farine de blé ENRICHIE? Si oui, laissez le pain sur l'étagère, même s'il est « brun ». Il est facile d'ajouter du colorant pour donner l'impression d'un pain santé. Plus un pain est moelleux et mou, plus il VOUS rendra moelleux et mou!

LÉGUMES

Mis à part les tomates en conserve sous différentes formes (broyées, en pâte, en sauce…), les autres légumes devraient idéalement être frais. Cela dit, les légumes congelés dépannent très bien. On trouve à l'épicerie des sacs de légumes variés : macédoine, mélange californien, mélange asiatique, pois, carottes, fèves vertes... Une minute au micro-ondes dans un peu d'eau et ta-daaaah! Une portion de légumes chauds! Dans certains plats, les légumes déshydratés sont aussi très pratiques et utiles. Vous pouvez même les utiliser comme assaisonnements, car ils confèrent un goût particulier aux plats.

*DÉGRAISSER SON BŒUF

Si vous n'avez pas pris la peine d'acheter du bœuf maigre, vous devrez le dégraisser. Balancez votre steak cuit dans un grand bol rempli d'eau très chaude. Remuez un peu avec une cuillère de bois et laissez reposer une trentaine de secondes. Regardez bien ce qui monte à la surface : ça, les amis, c'est du gras saturé identique à celui qui décore vos abdos. Nos compliments à vos artères qui n'auront pas à l'accumuler, puisque vous allez passer le tout dans une passoire, laissant échapper tout le gras. Refaites griller un peu en saupoudrant d'un soupçon de poudre d'ail, histoire de ne pas avoir l'impression de manger du steak bouilli.

LOGISTIQUE DE LA CUISINE : ÉCORCHAGE, MOUTURE, CUISSON, PRÉPARATION…

Bon, maintenant que vous revenez d'une chasse fructueuse et abondante et que vous avez tout ce qu'il vous faut en main, le plaisir commence. Choisissez une soirée où vous avez environ deux heures devant vous (vous verrez, ça passe vite!). Ces deux heures vont non seulement vous faire gagner énormément de temps, mais, surtout, elles vous éviteront bien des tracas au cours de la semaine. Le but est de préparer et de cuire assez de viande, de légumes, de riz, de pâtes, etc., pour tenir toute la semaine. Avec un peu de coordination et de préparation, vous arriverez à mener toutes ces opérations de front sans problème.

Vous aurez besoin de quatre chaudrons, d'une poêle à frire et d'une grande tôle à biscuit. Réservez un peu de viande, quelques pommes de terre et quelques œufs crus au réfrigérateur ou au congélateur : on ne sait jamais. Prêt?!

1- Chauffez le four à 350 °F. Déposez la viande hachée dans un grand poêlon chaud. (Si vous n'avez pas de poêle en téflon, vaporisez un peu d'enduit anti-adhésif pour la cuisson).

2- Mettez de l'eau à bouillir dans quatre chaudrons. Dans le premier chaudron, mettez les œufs alors que l'eau est encore froide. La meilleure façon de réussir des œufs à la coque est de les partir dans l'eau froide. Quand l'eau commencera à bouillir, éteignez le feu. L'eau sera encore chaude et vos œufs continueront de cuire. Ils seront prêts quand l'eau aura refroidi.

Ça va rondement, n'est-ce pas?! Assurez-vous que rien ne colle, ne déborde, ne brûle. Le gros du travail est presque terminé. Vous pourrez bientôt aller rejoindre les autres au fond de la caverne et jouer aux osselets. Sortez votre pièce de granit et votre coutelas d'ivoire (ou un robot culinaire) : c'est le temps de faire un peu de découpage!

3- Déposez les poitrines de poulet sur la tôle à biscuit, sans beurre ni margarine ni huile. Le four devrait maintenant être chaud; mettez-y le poulet.

4- En théorie, l'eau devrait avoir eu le temps de bouillir. Plongez-y le riz (deux mesures d'eau pour chaque mesure de riz), les pommes de terre (lavées, non pelées et coupées en tranches épaisses) ainsi que les pâtes.

5- Remplissez l'évier d'eau et mettez-y les légumes pour les laver.

6- Épluchez les oignons et coupez-les en dés, avec quelques piments. Rangez ces deux légumes séparément, dans de petits contenants munis d'un couvercle, et entreposez-les au frigo.

7- Effectuez la même étape avec divers légumes : radis, échalotes, carottes, pois mange-tout, concombre, chou... Placez-les tous ensemble dans un grand bol et rangez le tout au réfrigérateur.

Courage, on achève. En fait, la préparation comme telle est terminée; il ne reste qu'à ranger vos aliments au frigo ou au congélateur.

ÉTAPE 3 : EMMAGASINAGE

Quand tout est cuit, il s'agit de mettre les aliments au congélateur, mais pas n'importe comment. Vous devrez les laisser refroidir auparavant, sinon les aliments seront détrempés et farineux quand vous les décongèlerez pour les consommer. Mettez vos aliments dans plusieurs petits contenants en portions individuelles, plutôt que dans un seul grand. Ainsi, vous pourrez décongeler seulement ce dont vous aurez besoin au fur et à mesure. Des contenants de fromage cottage recyclés, d'une capacité de 250 grammes, conviennent parfaitement. Laissez quelques portions au réfrigérateur pour les deux premiers jours et congelez le reste. Pour les pâtes, le riz et les pommes de terre, calculez des portions d'environ ½ tasse. Pour la viande, il vous faut environ 2/3 de tasse par portion.

BIENVENU CHEZ DFN, PUIS-JE PRENDRE VOTRE COMMANDE?

Ah! enfin : l'étape que plusieurs attendaient. Vous trouverez dans les pages qui suivent une quinzaine de recettes rapides et faciles que vous pourrez sortir en réponse à la sempiternelle question : « Qu'est-ce qu'on mange? ».

Gardez sous la main une pomme de salade, dont vous pourrez émietter quelques feuilles et où vous pourrez balancer une ou deux poignées du mélange de légumes précoupés que vous avez préparé plus tôt. En ajoutant un peu de vinaigrette légère, vous pourrez si vous le voulez vous concocter d'excellentes salades à chacun de vos repas, et ce, très rapidement. C'est simple comme bonjour.

À PROPOS DES RATIOS ET DES QUANTITÉS

Ce qui semble peu pour une personne est peut-être beaucoup pour une autre. Il est utopique de croire que des indications générales conviendront à tout un chacun, mais, pour les besoins de ce livre, essayez de conserver un ratio égal entre vos portions de protéines et de glucides à chacun de vos repas. Par exemple, une portion de poulet (protéines) et une portion de riz (glucides). Ce ne sont pas les instructions les plus précises, mais elles vous donneront tout de même une idée des mesures.

Cela dit, gardez en tête votre objectif. Comme mentionné plus haut, la quantité de glucides devrait être fonction du niveau d'activité. Si votre priorité se porte surtout sur la performance sportive, vous devriez peut-être augmenter un peu la quantité de glucides suggérée ici.

Si vous vous entraînez plutôt pour maintenir votre taux d'adiposité assez bas tout en maintenant votre masse musculaire au-dessus de la moyenne, et que vous ne faites pas vraiment d'autres activités physiques, alors vous pouvez vous en tenir à ce qui est suggéré.

Enfin, si votre niveau d'adiposité est plutôt élevé, ou même si vous avez tendance à engraisser facilement, vous pouvez commencer avec les généralités décrites ici, prendre le temps de voir comment vous réagissez, et ajuster à la baisse si nécessaire.

À PROPOS DES ACCOMPAGNEMENTS

Il y a une limite à la quantité de condiments que vous pouvez ajouter à vos repas. Je sais qu'il peut parfois être tentant de détremper son steak avec du ketchup mais, ce faisant, vous ingurgitez une quantité incroyable de sucre qui viendra, à la longue, mettre du sable dans vos engrenages. Alors, modérez vos ardeurs! Voici quelques suggestions (choisissez-en un par repas) :

Allez-y avec modération pour ceux-ci:
Ketchup / sauce chili
Relish
Sauce BBQ
Moutardes
Vinaigrettes légères « crémeuses »

Allez-y plus librement pour ceux-ci:

Marinades

Salsa

Vinaigrettes légères « claires »

À PROPOS DES ASSAISONNEMENTS

Tout comme les accompagnements, ils ne sont pas nécessaires, mais rehaussent agréablement le goût de vos repas. Étant donné qu'une très petite quantité est suffisante, ils ne feront pas de différence sur votre apport énergétique quotidien. Vous pouvez les utiliser librement, mais souvenez-vous que certains contiennent beaucoup de sodium.

« Épices liquides »

Sauce Worcestershire, tabasco, sauce soya, vinaigre (balsamique, etc.)

Épices diverses

Ail, thym, basilic, poudre de chili, basilic, cari en poudre, origan, poivre de cayenne, persil, thym…

Quoi que vous fassiez, gardez votre consommation de légumes assez élevée et variée! Deux bonnes grosses salades par jour, c'est un bon départ!

AUTRES TRUCS ET RECOMMANDATIONS

Vous remarquerez qu'il n'est nulle part question de « *shakes* » dans ce livre. Non pas parce qu'ils n'ont pas leur place : au contraire! Plus d'une fois, ces *shakes* m'ont sauvé la vie (au figuré) et m'ont permis de fournir à mon corps les nutriments dont il avait besoin alors que j'avais le choix entre ne rien manger du tout ou manger de la malbouffe (communément appelée « junk food »). Si je ne les ai pas inclus ici, c'est parce qu'il pleut de ce genre de recettes sur Internet. Faites une recherche dans n'importe quel moteur de recherche et vous obtiendrez plus de recettes que vous ne pourrez en goûter au cours de votre vie entière!

Préparez-vous à l'avance! Vous pourrez prendre ne serait-ce que cinq à dix minutes la veille pour concocter vos repas du lendemain. Placez chaque repas dans des contenants séparés et insérez-les dans un sac à lunch thermos, que vous entreposerez dans votre frigo. Le lendemain matin, vous n'aurez qu'à attraper votre sac à lunch au lieu de courir pour préparer vos aliments avant le boulot ou l'école.

De plus, vos repas auront meilleur goût! Vous avez peut-être déjà remarqué qu'un plat réchauffé a souvent meilleur goût que lorsqu'il vient d'être préparé, comme si les différents ingrédients échangeaient un peu de leur saveur, rendant le goût plus riche, plus uniforme. Vous pouvez tirer profit de ce « phénomène » en préparant vos repas la veille. Ceci est particulièrement vrai pour les légumineuses dont le goût fade est plus difficile à masquer.

Marinez vos viandes, même si elles sont cuites. Recouvrez-les d'un peu de vinaigrette légère, de sauce tomate ou d'un condiment quelconque (vinaigre à marinades, jus de citron, sauce Worcestershire, moutarde forte…). La viande absorbera un peu de saveur.

Vous savez que le thon est un excellent aliment, mais vous ne pouvez pas en supporter l'odeur ni le goût? Aucun problème : voici un petit truc qui fera littéralement s'évaporer odeur et saveur hors de votre « prise »! Faites tout simplement bouillir le thon dans de l'eau pendant environ deux minutes. Laissez-le refroidir ou rincez-le à l'eau froide pour obtenir un thon pratiquement inodore et sans saveur.

- Je ne me suis pas acharné à trouver des combinaisons d'épices pour raffiner le tout (je voulais garder le système simple), mais rien ne vous empêche d'inclure quelques épices et assaisonnements à vos recettes. C'est facultatif, mais c'est bien meilleur!

- Le fromage cottage léger accompagne très bien plusieurs de ces recettes.

- Pour de la mayonnaise du néanderthal, mélangez à du yogourt nature un peu d'ail en poudre, de vinaigre et de faux sucre (oui, je sais, c'est très néanderthalien, le faux-sucre…) et ta-daaah! De la «

mayonnaise » ultra ultra légère que vous pourrez utiliser avec n'importe quelle recette! Vous serez surpris du bon goût!

- Pour la cuisson de la viande, préférez toujours la viande rôtie à la viande frite. Si vous devez faire cuire votre viande à la poêle, servez-vous d'enduit anti-adhésif. Utilisez le minimum requis pour cuire votre viande sans qu'elle ne colle. Vous éviterez ainsi de vous retrouver avec du steak baignant dans une marre de gras trans et saturés!

- Vous avez remarqué que j'ai étrangement évité le sujet des suppléments alimentaires. La raison est simple : l'objectif de ce livre n'est pas de parler de supplémentation, mais bien de nutrition. Il est vrai que du lait qui a été vaporisé, séché, réduit en poudre et auquel on a ajouté une saveur quelconque n'est pas très néanderthal, mais si vous avez le choix entre un beigne ou un *shake* de protéine, le choix est facile à faire. C'est la raison pour laquelle nous avons tout de même inclus quelques recettes à base de protéine en poudre en annexe. Vous pouvez toujours consulter la dernière page de ce document pour des détails sur la façon d'obtenir des produits protéinés de la plus haute qualité qui soit, directement du manufacturier (donc à prix très réduits).

Vous êtes maintenant prêt à exécuter en moins de cinq minutes n'importe laquelle des 18 recettes qui se trouvent en annexe. Vous verrez qu'en appliquant quelques petits tours de passe-passe, vous parviendrez à vous composer des menus très variés et pas mauvais du tout, et ce, même si votre liste d'épicerie ne contient pas de fromage à la crème, de tartinade au chocolat, de saucisses à hot-dog ou de pâte à pizza.

RECETTES

POULET

Fajita au poulet
Poulet
Tortilla
Poivrons
Oignons
Sauce tomate
FACULTATIF : Fromage, piments forts, jus de citron.
Coupez tous les ingrédients en lanières, chauffez et placez dans une tortilla.

Soupe poulet et nouilles
Poulet
Pâtes
Poivrons

Oignons

FACULTATIF : Bouillon de poulet déshydraté.

Coupez vos ingrédients en petits cubes et mettez-les dans un bol d'eau. Faites chauffer au micro-ondes.

Poulet Cajun

Poulet

Riz

Pâte de tomate

Poudre de chili

FACULTATIF : piments forts

Coupez le poulet en dés. Faites réchauffer les ingrédients dans une casserole.

Pomme de terre et sauce au poulet

Poitrine de poulet (en morceaux)

Oignons

Bouillon de poulet

Pomme de terre

Mélanger le poulet, les oignons et le bouillon dans une poêle à frire. Mettre sur la pomme de terre coupée et ouverte.

Poulet Créole

Poitrines de poulet (en morceaux)

Oignons

Tomates en boîte

Riz

Poudre de chili (optionnel)

Mélanger les ingrédients dans une poêle et chauffer.

Pâtes avec sauce au poulet Marinara

Poitrine de poulet (en morceaux)

Tomates en boîte

Sauce tomate

Pâtes

Origan, basilic et ail (optionnel)

Mélanger les ingrédients dans un chaudron, mijoter et verser sur les pâtes chaudes.

Sandwich au poulet

Poitrine de poulet (en morceaux)

Oignons

Pain pita

Légumes, vinaigrette ou mayonnaise (optionnel)

Mettre les ingrédients dans le pain pita.

Poulet Jambalaya

Poitrines de poulet (en morceaux)

Oignons

Tomates en boîte

Riz

Poivre de cayenne et ail (optionnel)

Mélanger les ingrédients dans un chaudron et chauffer.

Sandwich au poulet

Poulet émietté

Oignons

Pain pita

Légumes, vinaigrette italienne ou mayonnaise sans gras (optionnel). Mettre la dinde et les oignons dans le pain pita. Ajouter les autres ingrédients si désiré.

Poulet et frites

Poitrines de poulet

Pommes de terre

Couper les pommes de terre en lanières et placer sur une tôle à biscuit recouverte d'enduit à cuisson anti-adhésif. Brunir au four.

Pita au poulet « Sloppy Joe »

Poitrines de poulet

Oignons

Sauce tomate

Pain pita

Poudre de chili, piments forts (optionnel)

Mélanger le poulet, les oignons et la sauce tomate dans une poêle (avec les épices). Chauffer et mettre dans un pain pita.

Burrito au poulet

Poitrines de poulet (en morceaux)

Oignons

Piments forts

Tortillas

Fromage sans gras (optionnel)

Chauffer les ingrédients et mettre dans la tortilla.

Poulet et pommes de terre

Poitrines de poulet

Pomme de terre

Vinaigrette italienne (optionnel)

Mariner le poulet et la pomme de terre dans la vinaigrette pendant environ une heure. Ensuite, cuire simultanément à 425 pendant environ 40 minutes.

Soupe poulet et riz

Poitrines de poulet (en morceaux)

Oignons

Riz

Bouillon de poulet

Mélanger les ingrédients dans un chaudron et mijoter.

Poulet et riz espagnol

Poitrine de poulet

Riz

Tomates en boîte

Poudre de chili (optionnel)

Mélanger les ingrédients dans un plat allant au four et cuire 40 minutes à 325.

« Stew » aux piments forts

Poitrines de poulet (en morceaux)

Oignons

Pommes de terre

Piments forts

Bouillon de poulet

Mélanger les ingrédients dans un chaudron et mijoter.

Salade de pâtes et poulet

Poitrines de poulet (en morceaux)

Pâtes

Oignons

Vinaigrette et légumes (optionnel)

Mélanger les ingrédients dans un bol.

Poulet paprika

Poitrines de poulet (en morceaux)

Oignons

Sauce tomate

Riz

Paprika (optionnel)

Chauffer les oignons, la sauce et le paprika. Servir sur le riz.

Soupe œufs et poulet

Poitrines de poulet (en morceaux)

Bouillon de poulet

Blancs d'œufs

Mettre le bouillon dans un chaudron et amené à ébullition. Verser les œufs en brassant vigoureusement. Ajouter le poulet.

Casserole poulet et pommes de terre

Poitrines de poulet (en morceaux)

Pommes de terre

Oignons

Bouillon de poulet

Mélanger les ingrédients dans un plat allant au four et cuire 50 minutes à 350.

Pita sautée

Poitrines de poulet (en morceaux)

Pommes de terre

Oignons

Pain pita

Chauffer les ingrédients dans une poêle à frire et mettre dans le pain pita.

Omelette espagnole

Poulet émietté

Oignons

Tomates en boîte

Sauce tomate

Blancs d'œufs

Verser les blancs d'œufs dans une poêle et cuire en omelette. Ajouter les ingrédients et plier en deux.

Pita « Sloppy Joe »

Poulet émietté

Oignons

Sauce tomate

Pain pita

Poudre de chili et piments forts (optionnel)

Mélanger les ingrédients et mettre dans un pain pita.

Casserole au poulet

Poulet émietté

Oignons

Tomates en boîte

Riz

Poivre de cayenne et ail (optionnel)

Mélanger les ingrédients dans un chaudron.

Enchiladas au poulet

Poulet émietté

Oignons

Piments forts

Tortillas

Fromage sans gras (optionnel)

Placer les ingrédients dans une tortilla et rouler.

Poulet émietté

Oignons

Pommes de terre

Pâtes

Tomates en boîte

Bouillon de poulet

Cumin et poivre de cayenne (optionnel)

Mélanger les ingrédients dans un chaudron.

Pommes de terres et sauce

Poulet émietté

Oignons

Tomates en boîte

Sauce tomate

Pomme de terre entière

Mêlez les ingrédients et verser sur une pomme de terre cuite coupée et ouverte.

Poulet Cajun

Poulet

Piment Forts

Riz

Poudre de Cayenne

Pâte de tomates (un peu seulement)

Coupez le poulet en dés. Chauffer les ingrédients dans une casserole.

Fajitas au poulet

Poitrine de poulet

Piments forts et/ou doux

Oignons

Fromage

Sauce tomate

Coupez tous les ingrédients en lanière et placez-les dans une tortilla.

Soupe au poulet jardinière

Poulet émietté

Légumes déshydratés

Riz

Bouillon de légumes

Placez des légumes et du bouillon déshydratés dans de l'eau. Amenez à ébullition. Ajouter le poulet émietté.

Sage

Poulet

Riz

FACULTATIF: Basilic, huile d'olive

Mélanger les ingrédients.

Salade de légumineuses Turbo

Poulet

Légumineuse

Vinaigrette légère au choix.

Poulet au citron poivré mariné

Poulet

Riz

Jus de citron

Poivre

FACULTATIF: Ail

Placer le tout dans un contenant aussi petit que possible et laissez reposer une nuit au réfrigérateur. Chauffer et manger

Poulet Méditéranéen

Poulet

Pâtes

Tomates coupées en dés

Oignons coupés en dés

Ail

OPTIONNEL: Pesto, olives, huile d'olive.

Mélanger les ingrédients dans une poêle.

BŒUF

Pain de viande

Viande hachée

Pommes de terre

2 blancs d'œufs

Oignons

Sauce tomate

FACULTATIF : Sauce Worcestershire, poivre.

Coupez les pommes de terre en petits dés et mélangez tous les ingrédients en un pain dans un plat allant au four. Faire cuire jusqu'à ce que les œufs soient cuits.

Steak-Frites

Viande hachée

Pommes de terre

FACULTATIF : Ketchup (mieux : sauce tomate)

Coupez des tranches de pommes de terre cuites en lanières, que vous mettrez au four pour les faire dorer. Mangez-les avec le steak.

Pâtes et sauce à la viande

Viande hachée

Pâtes

Sauce tomate

Pâte de tomates

Piments

Oignons

Épices si désirées: (origan, ail...)

Couper finement les piments et les oignons et les faire revenir dans un poêlon, quand c'est cuit, ajouter le steak et les épices, puis la sauce tomate. Finir en mettant des pâtes.

Pain de viande et pommes de terre

Viande hachée (crue)

2 ou 3 Blancs d'oeufs

Oignons

Sauce tomate

Pomme de terre (crue)

Couper les pommes de terre en dés et mélanger tous les ingrédients en un pain dans un plat allant au four. Cuire à 350 pendant environ une heure.

Burger

Viande hachée

Oignon coupé en dés

Pita

Mélanger la viande hachée (crue) et les oignons, en faire des boulettes et cuire. Placer le tout dans un pita. Assaisonner au goût.

Pâté campagnard

Viande hachée

Patate

Piments doux

Oignons

Tomates en dés

Fromage

Mettre les ingrédients dans un plat allant au micro-ondes, en couches dans l'ordre où ils apparaissent ci-haut (viande au fond, fromage sur le dessus). Chauffez au micro-ondes jusqu'à ce que le fromage soit fondu.

Steak-Frites

Patate

Steak

Coupez des tranches de patate cuites en lanière que vous mettrez sur une tôle à biscuit et au four pour les faire dorer. Faire revenir un steak dans la poêle.

Chili

Viande hachée

Fèves rouges

Tomates coupées en dés (fraîches ou conserve)

Pâte de tomates

FACULTATIF: Poudre chili ou cayenne.

Mélanger les ingrédients et les faire mijoter.

Cheeseburger

Viande hachée

Oignon

Fromage en tranche emballé individuellement.

FACULTATIF: Pâte de tomate mélangée avec un peu de vinaigre et de faux sucre (ketchup-santé).

ŒUFS

Sandwich aux œufs

Œufs à la coque (1 jaune pour 5 blancs)

Poivrons

Oignons

Pain pita

FACULTATIF : Mayonnaise du néanderthal

Coupez les poivrons et les oignons en dés. Mettez les ingrédients dans un pain pita.

Burrito Basse-cour

Blancs d'œufs

Tortilla

Oignons

Piments forts

FACULTATIF : Poudre de chili

Faites dorer les oignons. Faites cuire les blancs d'œufs en les mélangeant de temps en temps. Mettez le tout dans une tortilla.

Huevos picantes

Blancs d'œufs

Riz

Piments forts

FACULTATIF : Tabasco

Faites cuire les blancs d'œufs dans une poêle en les mélangeant de temps en temps. Ajoutez le riz et les piments forts.

Slumgullian

Pommes de terre

Blancs d'œufs

Oignons

Sauce tomate

Mélanger les ingrédients dans une poêle à frire jusqu'à ce que les œufs soient cuits et couvrir de sauce tomate.

Enchiladas aux œufs

Blancs d'oeufs

Tortillas

Salsa

Un peu de fromage râpé

Cuire les œufs en brassant légèrement. Mettre les ingrédients dans les tortillas.

Omelette du jardin

Blancs d'oeufs (1 jaune)

Mélange de légumes variés coupés en dés

Cuire les ingrédients dans une poêle. Retourner pour cuire également des 2 côtés.

Trempette aux oeufs

Tortilla ou Pita

Blancs d'oeufs

Salsa

Piments forts

Oignons coupés en dés

Vaporiser la tortilla ou le pain pita avec un peu d'enduit anti-adhésif et saupoudrez de poudre d'ail. Cuire au four jusqu'à ce que « cassant ». Cuire les blancs d'œufs (ou utiliser des œufs à la coque en jetant le jaune). Passer les blancs d'œufs au robot culinaire ou les piler à la main. Ajouter la salsa, les piments forts et les oignons. Bonne trempette !

THON

Thon Giovanni
Thon

Pâtes

Sauce tomate

FACULTATIF : Huile d'olive, basilic, persil.

Mélangez les ingrédients.

Thon sur lit de riz et piments
Thon

Riz

Piments forts

Poivrons

FACULTATIF : Jus de citron

Mélangez le thon, les piments et les poivrons et placez le tout sur le riz.

Salade de pâtes et de thon
Thon

Pâtes

Oignon

FACULTATIF : Vinaigrette italienne ou mayonnaise du néanderthal.

Mélangez les ingrédients dans un bol à salade.

Burrito au thon

Thon

Oignons

Piments forts

Tortilla

(Mayonnaise sans gras, fromage sans gras)

Chauffer les ingrédients dans un poêle à frire et verser sur une tortilla.

Casserole thon et riz

Thon

Riz

Oignons

(Mayonnaise sans gras)

Mélanger les ingrédients dans un plat allant au four et chauffer au four.

Salade de pâte et thon

Thon

Oignon

Pâtes

(Légumes, vinaigrette italienne ou mayonnaise sans gras).

Mélanger les ingrédients dans un bol à salade.

Sandwich au thon

Thon

Oignon

Pain pita

(Mayonnaise sans gras)

Mettre les ingrédients dans un pain pita.

Casserole au thon et macaroni

Pâtes

Thon

Oignons

(Mayonnaise sans gras)

Mélanger les ingrédients dans un plat allant au four et réchauffer.

Boulette de thon

Thon

Pomme de terre

Oignon

FACULTATIF : poivre, persil

Mélanger les ingrédients comme il faut avec une fourchette et en faire des galettes. Faire brunir des deux côtés dans une poêle.

Thon Akino

Thon

Tortilla

Oignons

Moutarde

FACULTATIF : Mayonnaise ultralégère.

Mélanger à la fourchette, placer dans une tortilla.

Tunabine

Thon

Tomates coupées en dés

Légumineuses

FACULTATIF : Huile d'olive

Chauffer dans une casserole en mélangeant.

Thon aigre-doux

Thon

Pita

Oignons, céleri

Moutarde

Faux sucre

FACULTATIF : Jus de citron

Mélanger les ingrédients et placer dans un pain pita.

Thon Texan

Thon

Tortilla

Oignons

Sauce BBQ

Mélanger les ingrédients et placer dans une tortilla.

Roma Tuna

Thon

Pâtes

Tomates coupées en dés

FACULTATIF: Huile d'olive

Chauffer tous les ingrédients dans une casserole.

Riz frit Atlantique

Thon

Oeuf (un seul)

Riz

Oignons en dés

Mélanger tous les ingrédients, sauf le thon. Vaporiser une poêle avec un enduit anti-adhésif et chauffer tous les ingrédients en brassant constamment, jusqu'à ce que l'oeuf soit presque cuit. Ajouter le thon et finir la cuisson.

Tuna fiesta

Thon

Pomme de terre

Tomates en dés

Oignons

Piments forts

FACULTATIF: Jus de citron.

Mélanger les ingrédients.

FROMAGE

Sandwich mexicain au fromage

Fromage

Tortilla

Piments forts

Oignons

FACULTATIF : Sauce tomate

Mettez les ingrédients dans une tortilla et faites cuire au micro-ondes, jusqu'à ce que le fromage soit fondu. Attention, c'est chaud!

Salade de fruits aminée

Fromage cottage

Fruits coupés en dés

FACULTATIF : faux sucre au goût

Mélangez tous les ingrédients dans un bol.

Salade fermière

Fromage

Salade (légumes divers)

FACULTATIF : Vinaigrette légère.

Coupez le fromage en cubes et mélangez-le avec tous les autres ingrédients.

Garniture à pommes de terre

Pomme de terre

Fromage cottage

Épices (au goût: persil, origan, basilic…)

Jus de citron (quelques ml)

Mélanger les ingrédients au mélangeur ou à la cuillère. Servir sur une pomme de terre cuite.

Pâtes au fromage cottage

Fromage cottage

Pâtes

Tomates coupées en dés

FACULTATIF : Basilic, ail et huile d'olive

Mélanger et chauffer les ingrédients. Verser sur les pâtes.

Turbo Yogourt

Fromage cottage

Yogourt

Fruits coupés en dés.

FACULTATIF : Faux-sucre.

Mélanger les ingrédients.

Trempette aux fruits

Fromage cottage

Fruits coupés en morceaux

FACULTATIF: Vanille, cannelle et faux sucre.

Mélanger le cottage au mélangeur. Tremper les morceaux de fruits.

Lasagne

Fromage cottage

Pâtes

Viande hachée

Sauce tomate

FACULTATIF: Fromage, Épices à spaghetti (persil, origan, basilic…)

Placer les ingrédients précuits en rangées dans un plat allant au four. Vous pouvez gratiner pour plus de saveur.

Crêpes au cottage

Oeufs

Fromage cottage

Gruau

FACULTATIF: cannelle, vanille

Mélanger les ingrédients au mélangeur (dans l'ordre) jusqu'à ce que la texture soit assez lisse.

Nachos

Fromage cottage

Viande hachée

Tortilla

Piments doux, oignons

FACULTATIF: Sauce tomate.

Placer la tortilla au four. Mélanger le fromage cottage (et la sauce tomate) au mélangeur. Lorsque la tortilla est « sèche ", casser, mettre dans un bol et y verser le mélange. Ajouter un peu de viande et les légumes coupés en dés.

Chocolat au fromage
Fromage cottage
Cacao
Faux sucre
FACULTATIF: Vanille, noix hachées
Mélanger avec un mélangeur à main.

Cotta-gel
Jell-O sans sucre
Mélanger une quantité égale des deux ingrédients avec une fourchette.

Gâteau au fromage
Fromage cottage
Œufs
Yogourt
Fruits au choix
FACULTATIF: Jus de citron, vanille
Chauffer le four à 350. Mélanger les ingrédients au mélangeur jusqu'à ce que lisse. Verser dans un bol allant au four. Cuire environ 30 minutes.

Cottage indou

Fromage cottage

Légumineuse

Épinards coupés en morceaux (frais ou congelés)

FACULTATIF: Curi, ail et poivre.

Mélanger dans un bol allant au micro-ondes.

Dessert au cottage

Fromage cottage

Compote de pommes

FACULTATIF: faux sucre, cannelle

Mélanger les ingrédients.

Pouding au « tapioca »

Fromage cottage

Vanille

Faux sucre

FACULTATIF: Fruits des champs

Mélanger les fruits des champs au mélangeur. Ajouter le mélange aux autres ingrédients et mélanger avec une fourchette.

Bruschettas

Fromage

Pain pita

Tomates coupées en dés

Persil, basilic, huile d'olive.

Le mental d'un Chevalier

Le développement mental est tout aussi important que le développement physique. Les qualités de rigueur et de discipline s'étendent dans toutes les sphères de notre vie. En arts martiaux, il est essentiel de cultiver l'auto-discipline afin de conserver un état d'esprit calme lorsque le danger se présente. Lorsque votre mental est déséquilibré, votre corps devient également déséquilibré. L'inverse n'est pas nécessairement vrai. Lorsque vous avez un esprit calme, vous pouvez voir les attaques qui vous sont adressées et vous pouvez bouger plus efficacement. Même si vous avez perfectionné votre technique et votre sens du rythme, lorsque votre mental est déséquilibré, votre technique ne vous sera pas d'une grande utilité.

Lorsque vous cherchez à développer votre pouvoir physique ou spirituel, vous devez être discipliné, autrement vous limitez votre croissance. Si vous manquez de discipline envers votre entraînement physique, vous ne repousserez pas vos limites suffisamment pour déclencher les progrès. Lorsqu'il est question d'entraînement spirituel, vous éviterez probablement de faire les exercices qui vous ennuient, ou que vous trouvez simplistes, vous privant ainsi des bénéfices que ces exercices offrent.

Lorsque placés devant une situation inconfortable, nous pouvons faire appel à notre force mentale afin de voir clairement, afin de résoudre un problème, afin d'évaluer nos options. Lorsque notre mental est clair, sans doute ni peurs, toutes nos actions seront plus précise, puissantes et efficaces.

La clarté mentale est une clef de la pratique spirituelle. Vous ne pouvez avoir de pensées parallèles provoquant des distractions dans votre esprit, car vous enlèveriez ainsi de la puissance à vos efforts. Certaines pratiques spirituelles invoquent des forces puissantes, et un manque de concentration est un affront à ces grandes forces, ce qui provoque parfois des résultats négatifs.

Lorsque vous commencez à cultiver toutes ces merveilleuses qualités de votre mental, vos entraînements seront plus profitables, vos actions seront plus puissantes et votre vie quotidienne sera plus simple et plus facile. Le stress sera grandement réduit, voire éliminer. Dans notre société moderne ultrapressée, nous pourrions tous bénéficier d'une diminution de ce genre de stress.

Lorsque vous manquez d'entraînement, peu importe le niveau, cela ralentit votre développement dans toutes les sphères. Si votre corps est malade, cela vous épuisera mentalement, nuisant à votre concentration. Si votre corps est faible, vous vous priverez d'une avenue précieuse pour le développement de la discipline, de la coordination et de la confiance. Lorsque vous n'avez pas suffisamment d'entraînement mental, vos actions physiques seront facilement écartées, vos efforts spirituels ne seront pas aussi efficaces qu'ils pourraient l'être (par exemple, vos méditations seront moins profondes, vous aurez besoin davantage de temps pour demeurer concentré sur vos tâches, etc.). Lorsque l'entraînement spirituel est ignoré, vous vous privez de cette connexion intime avec le monde qui vous entoure, restreignant ainsi votre développement dans d'autres sphères.

À l'inverse, lorsque vous vous développez harmonieusement sur tous les plans, vous pouvez commencer à puiser dans votre potentiel extraordinaire. Lorsque votre corps est fort et sain, vous êtes plus confiant, votre énergie n'étant pas dissipée aux fins de guérison. Lorsque vous avez les idées claires et que votre mental est focalisé, votre entraînement physique sera plus productif et vos efforts spirituels deviennent plus puissants. Lorsque vous aurez développé un certain degré de profondeur spirituelle, vous serez en contact avec des niveaux de sagesse et de puissance qui seraient demeurés hors de votre portée.

Il est également vital de développer votre savoir. Plus votre connaissance applicable est vaste, plus vous devenez puissant. Plus vous avez développé des niveaux supérieurs pour des habiletés données, plus vous devenez un membre important pour la communauté. Il ne s'agit pas de devenir un homme à tout faire pour tout le monde ; cependant, pouvoir réparer votre voiture lorsque vous êtes en panne, savoir comment administrer les premiers soins, être en mesure de déterminer quelle plante est vénéneuse, ainsi que d'autres habiletés peuvent s'avérer salutaires. Vous ne pouvez pas toujours vous fier sur autrui, alors il est important d'avoir ne serait-ce que des connaissances de base dans plusieurs champs d'activité. Cependant, lorsque vous n'en savez pas suffisamment, vous pouvez faire davantage de mal que de bien, alors assurez-vous de la véracité de vos informations avant de les mettre en application.

La connaissance n'est rien si elle n'est pas utilisée, et la connaissance pratique n'est rien si elle n'est pas appliquée. Il s'agit là d'une autre clé de la puissance. Recherchez le savoir dans votre champ d'intérêt, il vous procurera de la puissance. Même si vous n'avez jamais l'occasion d'utiliser certaines connaissances, vous pouvez tout de même en parler; si vous le faites sans prétention, vous pouvez laisser une impression favorable à vos interlocuteurs.

La compréhension est une clé. N'avez-vous jamais lu un livre pour trébucher sur un mot que vous ne connaissiez pas? N'avez-vous jamais mal compris certaines paroles d'une chanson? Comprendre l'information qui vous est présentée vous aidera à en tirer davantage profit. Cela enrichira votre vie et vos communications. Vous pourrez vous exprimer et comprendre ce qui vous est transmis dans une dimension plus profonde.

La mémoire est aussi importante. Nous avons tous oublié un nom, un trajet, peu importe. Sans une bonne mémoire, votre savoir se fanera, surtout si vous ne l'utilisez pas. Certains ont une excellente mémoire naturellement, d'autres ne peuvent se souvenir que de choses qui les intéressent et certains auront de la difficulté à se souvenir du jour précédent. Cela est bien, peu importe où vous en êtes ; l'entraînement à la clarté mentale peut vous aider à vous améliorer. Cependant, vous exercer à des jeux de mémoire pourra vous aider rapidement dans ce domaine. Prenez un jeu de cartes. Mélangez-les et déposez-les sur une table, face vers le bas. Ensuite, prenez deux cartes, et tentez de faire des paires (2 as par exemple). Si les cartes ne concordent pas, remettez-les sur la table, face vers le bas. Continuez et tentez de vous souvenir où se trouvent les cartes précédentes. Cela peut s'avérer frustrant, mais ce genre de petit jeu peut augmenter grandement votre mémoire.

L'entraînement mental est une partie précieuse, mais souvent négligée, du développement personnel. Ne pensez pas qu'il ne s'agit que d'une perte de temps ; il s'agit bel et bien d'une clé pour libérer votre potentiel. Ne jugez pas votre niveau actuel de connaissance, de capacité de mémorisation ou toute autre habileté mentale que vous avez actuellement. Acceptez-vous tel que vous êtes et œuvrez de manière à vous améliorer, tout simplement.

Entraînement mental

Ce qui suit est une série d'exercices pour entraîner votre mental. Faites-les tous au moins une fois, afin d'en comprendre les principes. Si vous souhaitez obtenir de bons résultats, vous devriez les faire souvent, jusqu'à ce que vous puissiez observer un résultat clair.

#1 Pour commencer, vous aurez besoin d'un petit objet blanc, un caillou de préférence (jusqu'à un pouce de diamètre) et un morceau de tissu noir ne dépassant pas la taille d'un linge à vaisselle. Placez l'objet au centre du morceau de tissu. Ensuite, fixez l'objet blanc du regard tout en évitant autant que possible de cligner des paupières ou de laisser votre regard se porter sur le tissu. Détendez-vous simplement, respirez normalement, et regardez l'objet. Si vous vous surprenez à penser, étiquetez simplement cet état de fait comme étant « penser », tentez de libérer votre esprit, et revenez à votre concentration en continuant de fixer l'objet blanc. Si vous pouvez fixer l'objet sans cligner les paupières pendant 3 minutes ou plus, vous faites d'excellents progrès. L'objectif de cet exercice est de développer la capacité de focaliser votre pensée sur une seule chose, et de pouvoir diriger volontairement vos pensées sans vous laisser distraire.

#2 Cette technique entraîne la discipline. Appuyez simplement votre dos contre un mur, et laissez-vous glisser jusqu'à ce que vos cuisses soient parallèles au plancher. Croisez vos bras sur votre poitrine, respirez normalement et détendez-vous. Bien que ce soit aussi un excellent exercice physique, c'est une excellente façon de développer la discipline. Vous pouvez combiner cet exercice avec le précédent.

#3 Pour cet exercice, vous devrez trouver un endroit dans lequel vous pourrez marcher sur une bonne distance sans risque de vous blesser (par exemple, ne faites pas cet exercice en ville où vous risqueriez de croiser des gens ou de devoir composer avec le trafic routier). Détendez votre regard, respirez naturellement. Regardez à l'horizon. Maintenant, marchez simplement. Faites de votre mieux afin que vos yeux ne s'attardent pas sur quoi que ce soit de particulier. Détendez-vous simplement, ayez un regard large sans rien regarder de précis. Pendant que vous marchez, essayez d'être conscient du monde qui vous entoure, sans réfléchir, sans concentrer votre vision.

#4 Vous pouvez également vous exercer pendant que vous faites vos tâches quotidiennes. Si vous nettoyez ou que vous mettez de l'ordre, c'est une occasion idéale pour se faire. Détendez-vous et respirez profondément. Comptez vos respirations de 1 à 108, et ensuite faites de même, mais à l'envers. Cela prendra un certain temps si vous respirez profondément. Si vous perdez le compte, ne vous en inquiétez pas, recommencez simplement l'exercice. Cela stimulera votre concentration pour faire plusieurs tâches simultanément.

#5 Afin de s'habituer aux situations stressantes ou chaotiques, il est souvent nécessaire de briser sa routine. Si vous brossez vos dents avec votre main droite, utilisez la gauche. Si vous empruntez un certain trajet pour retourner à la maison, empruntez-en un autre (sans vous perdre!) Si vous enfilez vos vêtements toujours dans le même ordre, changez cet ordre. Si vous mangez toujours une entrée, suivie d'un repas principal, suivi d'une autre assiette, mangez-les simultanément. En brisant la routine de cette façon, vous pourrez composer plus facilement avec les situations stressantes ou hors de l'ordinaire. Cela vous permettra de demeurer calme et flexible. Le changement rend le mental inconfortable, cet exercice est donc une façon de rendre le changement plus confortable.

#6 Pour cet exercice, vous devrez vous rendre dans un endroit public comme un centre commercial. Ensuite, choisissez un trait spécifique, comme les yeux verts, ou un certain type d'espadrille. En marchant, avec une vision large, essayez de remarquer ces choses. Il est important de demeurer discret. N'embêtez pas les gens. Si vous regardez les autres, cela risque de les rendre inconfortables, ou de vous donner l'air suspect. Cela n'est pas ce que vous voulez. Cet exercice développera votre vivacité d'esprit et votre capacité d'observation. Une version un peu plus avancée (une fois que la précédente ne représente plus de défi) consiste à chercher des petites manies dans le langage corporel. Certaines personnes arrondissent les épaules vers l'avant pendant qu'elles marchent. Exercez-vous, mais surtout, soyez courtois.

#7 Concentration avancée. L'objectif de concentration n'est pas nécessairement de focaliser sur quelque chose, mais éventuellement de pouvoir vous concentrer sur rien du tout, ce qui représente le but ultime de cette tâche.

Évidemment, le premier pas est de développer votre concentration sur une pensée unique. Installez-vous dans une position confortable et détendue afin que vous puissiez vous concentrer sur une idée unique, et regardez un item unique et simple qui n'est pas susceptible de déclencher d'autres pensées, comme un caillou ou une craquelure dans le plancher. Détendez votre esprit afin de demeurer mentalement inébranlable pendant au moins 10 secondes. Une fois que vous aurez pu vous concentrer quelques fois pendant 10 secondes, essayez de le faire pour des périodes plus longues. Votre mental luttera peut-être contre ce processus au début. En fait, non seulement cela est inévitable, mais également sain afin que votre esprit prenne le temps de faire le vide.

Lorsque vous parvenez à avoir une pensée et un regard fixe, laissez totalement tomber le processus de pensée et essayez de vous perdre dans un regard vide. Pour ce faire, commencez à porter votre attention à ce qu'est votre conscience, aussi abstraite soit-elle, pour ensuite vous affranchir de ce processus de pensée progressivement afin de transcender dans une méditation, les yeux ouverts.

Reconnaître la vérité

Vérité, honnêteté, intégrité. Pour reconnaître la vérité, vous devez d'abord la comprendre. Comme nous allons vous l'expliquer, vous verrez que ce n'est pas une tâche simple. La vérité fait référence à l'état d'esprit, alors que l'honnêteté fait référence à la communication de fait. L'intégrité quant à elle fait référence au respect de soi.

La vérité, du point de vue philosophique, va au-delà de la réalité physique des faits. Il s'agit de l'expression absolue de ce qui EST, tant au niveau spirituel qu'humain. C'est un endroit sans doute, sans ombres, où il n'y à pas de communication entre deux parties. Il s'agit plutôt d'une totalité, d'une communion. Reconnaître la vérité n'a rien à voir avec l'affirmation de faits, confirmant des événements physiques. C'est plutôt la reconnaissance que nous sommes « tout », que nous sommes toute chose, que nous SOMMES.

Dans notre réalité quotidienne, reconnaître la vérité signifie que nous acceptons chaque aspect de l'existence humaine comme faisant partie de nous, comme une possibilité, mais pas nécessairement comme un fait. Vous ne devez pas juger de ce qui est la Vérité. Si vous pouvez vous dire : « Je suis menteur et égocentrique », alors vous êtes en vérité. Cela ne signifie pas que vous avez menti à l'instant même à propos d'un sujet quelconque, mais que vous reconnaissez la vérité. Si vous avez menti ne serait-ce qu'une seule fois dans votre vie, vous êtes menteur. Vous devez également pouvoir accepter que vous êtes honnête, puisque vous avez dit la vérité au moins une fois dans votre vie. Si vous avez manqué de charité et de bonté au moins une fois auparavant, alors vous êtes égocentrique. Évidemment, vous êtes également charitable et bon puisque vous avez sans aucun doute aidé quelqu'un gratuitement par le passé. Sans faire de mal à qui que ce soit, pouvez-vous également dire que vous êtes un tueur? Encore une fois, ne jugez pas la vérité. La vérité est dans tout. Il se peut que vous ayez tué une créature vivante dans votre vie.

Si quelqu'un vous demande si vous venez de dire la vérité, n'allez pas répondre : « Je suis un menteur » si vous n'avez pas menti. La vérité n'a rien à voir avec ce que les autres perçoivent de vous. En vérité, nous savons tous deux que vous êtes menteur, et cela n'implique que votre propre ouverture d'esprit envers votre propre acceptation de vous-même dans votre totalité. Dans la même ligne de pensée, nous savons tous deux que vous êtes aussi honnête. Répondre à quelqu'un avec intégrité ou non, si vous avez dit la vérité ou si vous avez menti, ne concerne que votre propre intégrité et ne doit pas signifier que vous devriez dire la vérité, mais que vous vous respectiez vous-même. Habituellement, cela signifie dire la vérité.

Avec chaque vérité vient une manifestation dans chaque plan de l'existence. Une vérité amène une pensée, une vérité amène une émotion. Elle peut motiver l'action, mais nous nous attarderons à l'aspect émotif pour l'instant. En prenant une respiration profonde, calmement, souvenez-vous que vous êtes un voleur, et ressentez l'émotion que cela éveille en vous. Souvenez-vous d'événements passés au cours desquels vous avez volé des choses, du temps ou de l'espace. Prenez le temps d'y penser et ressentez l'émotion qui s'élève. Ne jouez pas la victime ici, car ce genre d'exercice fera inévitablement remonter de la culpabilité à la surface. Cependant, ne croyez pas que vous êtes invulnérable au vol. Reconnaissez la vérité et ressentez ce que vous êtes. Acceptez les émotions reliées à votre Vérité.

Une fois que vous les avez ressenties, une fois que vous en êtes conscient, pardonnez-vous à vous-même et admettez que vous êtes un voleur. Il se libèrera naturellement un espace en vous lorsque la culpabilité se dissipera doucement, pendant que vous respirez lentement. Après avoir pris quelques minutes pour élever cette émotion, remplissez l'espace avec de la joie et de la compassion, le fruit du pardon. Cela ne changera pas le fait que vous soyez un voleur, mais comblera le vide où se trouvait auparavant la culpabilité. Vous êtes ce que vous êtes, reconnaissez la vérité.

Si vous réagissez fortement à cette pratique, alors vous devez cultiver l'humilité et ouvrir votre esprit. Adoucissez votre cœur et acceptez tout ce que vous pouvez possiblement être. Élargissez les limites de votre perception de vous-même. Plus vous réagissez fortement à une vérité à propos de vous, plus vous vous mentez à vous-même et plus vous vous éloignez de la vérité. Vous ne pouvez pas être entier en fuyant les émotions profondes qui sont en vous. Vous ne pourrez pas aller plus loin sans d'abord accepter la vérité que vous êtes toute chose.

Après avoir complété une étape du processus, prenez le temps de vous rappeler que vous êtes honnête, aimable, heureux, jeune, détendu et joyeux. S'il vous est difficile d'accepter votre vérité positive après cet exercice, vous jouez le jeu de la victime (Oh… pauvre vous). Soyez humble et acceptez votre beauté vertueuse, sans transformer cette acceptation en vanité.

Faites la même chose avec le mensonge, l'arrogance, l'hypocrisie, l'aggressivité, la prétention, l'égocentrisme…

1- Pensez à une vérité
2- Ramenez à la surface certains souvenirs clairs ainsi que des souvenirs plus lointains

3- Ressentez l'émotion, respirez dans cette émotion
4- Pardonnez-vous avec compassion
5- Élevez-vous en contemplant la beauté de votre vérité

Répétez l'expérience souvent afin d'approfondir votre sensibilité à percevoir la vérité, plutôt que de percevoir les simples faits des événements aléatoires de la vie. Avec le temps, vous ne percevrez plus de bien ni de mal, de beauté ou de laideur, mais simplement les expériences consécutives de la vie. Soyez heureux de simplement être en vie. Vous n'êtes pas bon ou mauvais à cause de ce que vous avez fait. Vous êtes bon simplement parce que vous êtes en vie.

L'objectif est d'être conscient. Soyez alerte, concentré et honnête avec vous-même, et reconnaissez la vérité. Pardonnez-vous vos erreurs puisque vous êtes ici pour expérimenter. Vous pouvez éprouver de la tristesse pendant un temps, ensuite, vous devez reprendre les commandes de votre vie émotionnelle et être heureux tout en demeurant conscient de la profondeur de votre expérience humaine.

Observer le volcan

La colère joue un rôle prépondérant dans nos réactions envers autrui, notre environnement et nos vies. En éveillant les énergies de puissance dans notre corps et en dévoilant les capacités cachées de notre subconscient, nous serons davantage tentés par la colère. Donc, il est important de comprendre la colère et de la maîtriser. Maîtrisez votre colère et vous serez en mesure de vous développer plus rapidement.

L'émotion/énergie de colère est identique à la joie. Elle provient de la même source et se dirige dans la même direction, mais est simplement de polarité émotionnelle différente. La colère et la joie proviennent du périnée, à la base de la colonne vertébrale, et remonte à l'intérieur de notre corps pour provoquer une réaction extérieure. En augmentant votre confiance en vous-même, vous serez davantage tenté de projeter votre joie vers l'extérieur, ainsi que votre colère. Il est important de développer la confiance en soi, mais il est tout aussi important d'être conscient des conséquences et de maîtriser la façon dont cela s'extériorise. Faites-vous confiance et demeurez conscient de vous-même.

La colère est un feu s'élevant dans votre corps afin de vous donner la puissance physique et la puissance morale de vous défendre en cas d'attaque. Dans la polarité de la joie, c'est également une puissance qui nourrit vos corps afin de manifester des effets extérieurs. Elle nourrira votre force, votre vitesse et vous aidera à réagir plus rapidement. Elle améliorera vos pratiques occultes. La colère par contre vous dépassera probablement et vous mènera vers votre propre défaite, vous causant davantage de douleur.

Bien qu'elle soit accompagnée de douleur à l'intérieur, la colère ne doit pas être libérée sans contrôle; elle doit être maîtrisée. Regardez la colère tel un jet de lave provenant du noyau terrestre. Elle fait éruption tel un volcan et il faut énormément de courage pour s'asseoir tout près et demeurer calme, mais c'est là exactement ce que vous devriez faire. Même si vous êtes debout, imaginez-vous assis sur le sol, juste à côté d'une coulée de lave et contemplez-la. Respirez profondément.

Contractez votre abdomen puis détendez-le. Accordez davantage d'attention lorsque vos muscles abdominaux se détendent. Remarquez la façon dont votre corps fait cela. Détendez votre colère de la même façon dont vous détendez vos muscles abdominaux. Elle sera toujours là, elle sera toujours douloureuse, mais elle cessera d'être active. Détendez votre « muscle » de la colère. Amoindrissez cette tension en vous. N'essayez pas d'être confortable, car, en ce moment précis, vous ne pouvez être confortable. Détendez-vous simplement, assis près de la coulée de lave, et contemplez le volcan de colère se déchaîner sans faire quoi que ce soit. Respirez profondément et calmement. Faites en sorte que rien ne paraisse de l'extérieur; sachez simplement que cela se passe en vous et contemplez le phénomène.

En maîtrisant cette technique, vous serez capable de maîtriser la colère intérieure, et la puissance pourra s'élever encore bien davantage en vous. Cela provoquera davantage de colère et de joie.

Exprimez votre joie, de la manière qui vous convient, en respectant autrui, mais vous savez maintenant quoi faire avec la colère. Feutrez-la calmement et sereinement.

Certaines personnes tentent de faire cette technique, mais tout ce qu'ils parviennent à faire est d'augmenter la colère en eux de plus en plus, restreignant son expression et provoquant plus de mal que de bien sur leur corps physique et nerveux. Si vous ressentez cette accumulation en vous, vous n'êtes pas en train de détendre votre colère, vous ne faites que la contenir. Vous devriez pouvoir l'évacuer sans blesser qui que ce soit, incluant vous-même, et sans briser quoi que ce soit. Ne la gardez pas en vous. Vous saurez lorsque vous aurez du succès à contempler le volcan. Il n'y aura plus de pression intérieure, même s'il y a encore conflit et douleur, et vous ressentirez l'énergie disponible découlant de cette colère, mais sans l'aspect destructeur qui y est associé.

Les vertus de la compassion et de l'humilité vous aideront à demeurer maître de la technique, et vous serez en mesure de pouvoir élever votre puissance encore davantage. Si vous échouez ne serait-ce qu'une fois avec cette technique, vous ne pouvez prétendre être maître de quoi que ce soit puisque vous n'êtes même pas maître de vous-même. Ne vous découragez pas, tous les maîtres ne sont pas nés avec un parfait contrôle de leurs émotions. La véritable bataille est intérieure, le véritable pouvoir est intérieur, et la véritable joie est intérieure.

Résoudre un problème

Lorsque face à une épreuve, notre égo humain tente toujours de réagir promptement à un conditionnement préprogrammé qui favorise le conflit et l'échec. Avec le temps et de la pratique, nous pouvons développer de nouveaux réflexes vertueux et orientés vers la résolution pacifique et le succès mutuel. Bien que ces réactions positives puissent s'enregistrer rapidement dans notre mécanique de pensée intellectuelle, la véritable intégration exigera une observation patiente de nos comportements innés.

La première étape consiste à apprendre comment restreindre les réactions immédiates de destruction. Nous appelons cette vertu la tempérance. En stoppant temporairement nos impulsions internes qui nous commandent avec force de détruire tous et chacun étant associés au conflit, et en utilisant une force égale afin de maintenir une attitude pacifique, vous développez également votre volonté, qui elle sera très utile pour développer votre pouvoir intérieur. Bien que la respiration profonde soit recommandée, vous pouvez également développer le pardon et la compassion.

Tant et aussi longtemps que vous entretenez la fausse pensée que « vous ne pouvez pas lui pardonner » ou « c'est sa faute et non la mienne », vous fuyez votre pouvoir intérieur. Un maître puissant est quelqu'un qui peut choisir de pardonner s'il le désire, même les offenses les plus graves. Cette vertu s'appelle la justice et reflète la bonté du cœur. Cela ne signifie pas que l'opresseur avait raison de vous causer préjudice, mais cela signifie que vous êtes suffisamment puissant pour être en charge de la situation, et que vous avez confiance que tout sera résolu selon la Justice Divine. La foi est également une vertu à développer. Sachez, au plus profond de vous-même, que tout viendra à point et que tout ira bien.

Il y a trois rôles joués par l'égo humain dans des situations de conflit, et ils sont habituellement utilisés afin d'attirer l'attention. Ce sont les rôles de persécuteur, de victime et de sauveur. Le persécuteur est fier de sa force supérieure, mais fausse, en opprimant la victime qui désire également de l'attention, espérant attirer un sauveur, le tout bien orchestré dans cette décevante danse du drame humain. Sans l'intervention de la vertu, la seule chose qui résultera de cet état de choses sera de la souffrance.

Nous vous suggérons de cesser de jouer le rôle de la victime lorsqu'un conflit survient. Ne souhaitez pas silencieusement la pitié d'autrui. Soyez fort et assumez votre responsabilité dans chaque situation. La force est une vertu qui vous sortira de tout conflit sans blesser qui que ce soit. La force est la volonté d'agir en accord avec la justice. De façon similaire, vous devriez cesser de jouer le rôle du persécuteur et vous ne devriez pas user de force pour opprimer les autres. Cela ne servirait que le vice de la colère et de l'orgueil. Finalement, ne jouez pas le rôle du sauveur non plus lorsque vous agissez avec justice. Le rôle du sauveur ne sert que l'égo humain qui cherche de l'attention et du crédit pour l'application de la justice. Dans la plupart des cas, les comportements du sauveur ne reflètent pas la véritable justice et ne servent que le vice de l'orgueil.

Lorsque face à un conflit, en vous maîtrisant avec tempérance, traitez la situation avec intelligence et recherchez une solution qui soit juste. Soyez suffisamment humble pour lâcher prise. Sans vous agenouiller devant l'injustice, assurez-vous qu'il ne s'agit pas de votre propre envie, jalousie ou avarice qui vous incite à agir de telle ou telle façon. Une fois que vous avez identifié la véritable justice dans une situation, agissez en conséquence; mais est-ce toujours la meilleure façon d'agir ? Une autre vertu est la prudence. Ne vous mettez pas en danger même si la justice vous incitait à enlever le pistolet des mains d'un voleur. Faites tout ce qui est en votre pouvoir pour vivre suffisamment longtemps pour développer vos vertus.

À maintes reprises, nous aimerions confronter toutes les injustices qu'il nous est donné de voir autour de nous, mais cela ne servirait que l'orgueil, puisque d'être vertueux ne signifie pas que vous deviez perdre votre conjoint ou conjointe, votre emploi ou votre vie. Soyez reconnaissant de ce que vous avez, assurez-vous de le protéger, mais soyez suffisamment humble pour vous agenouiller devant les événements de la vie, et pensez-y à deux fois avant d'agir, même si vous sentez que vous êtes dans votre droit, avec justice et force.

Dans certains cas, ne devriez-vous pas plutôt développer la charité et la foi ?

Lorsque vous sentez qu'il est de mise de discuter à propos d'un problème, faites-le sereinement et toutes les parties impliquées devraient donner la chance aux autres d'exprimer leur point de vue. Si une guerre est à l'horizon, évaluez si les pertes possibles en valent la peine. Il est rare que la Vérité Divine soit en accord avec quelque type de guerre que ce soit, mais elle encourage toujours l'application de la justice.

L'Esprit d'un Chevalier

L'entraînement spirituel d'un Chevalier Mystique est un processus long qui ne peut être couvert dans un seul livre. Il faut parfois se référer à un enseignant compétent qui pourra servir de guide sur le chemin. Cependant, les pratiques spirituelles ont toutes quelques choses en commun et seront expliquées dans les prochaines pages.

L'entraînement spirituel d'un Chevalier commence avec l'entraînement à la respiration, suivie de la respiration du Qi, ou la collecte du Qi, l'énergie qui imbibe le corps. Lorsque le Qi circule dans le corps, des pratiques plus avancées mèneront au développement des habiletés spirituelles.

Respiration normale et inversée

Respiration normale :

La respiration appelée normale est bien différente du cycle de la respiration automatique qui vous garde en vie alors que vous ne pensez pas à respirer. La raison en est simple : personne ne respire réellement comme il se devrait sans y accorder une certaine attention. La plupart des gens inspirent seulement environ 11 ml d'oxygène par minute, bien moins que ce dont votre organisme a besoin afin d'être en santé. Une respiration dite normale est une respiration saine.

Une inhalation devrait pratiquement remplir vos poumons sans fatiguer votre abdomen ni votre diaphragme. L'inspiration devrait naturellement remplir votre abdomen, sans soulever le haut de votre tronc. Une respiration profonde ne devrait même pas faire bouger vos côtes supérieures. Placez une main sur votre cœur, à l'endroit où vos côtes rejoignent le sternum, entre votre plexus solaire et votre gorge. Prenez une grande inspiration et vérifiez si vos côtes bougent. Si elles le font, vous emplissez de façon exagérée la partie supérieure de vos poumons et la partie inférieure ne reçoit pas assez d'air. Bien qu'il soit impossible de garder la cage thoracique totalement immobile (ce qui n'est pas l'objectif de toute façon), elle devrait bouger le moins possible sans exiger trop d'effort.

Quand vous expirez, laissez votre abdomen au repos jusqu'à ce que l'air n'en sorte plus, et ce, de façon naturelle. Ensuite, tirez légèrement votre abdomen vers l'intérieur, sans faire d'effort. Ceci ne purgera pas entièrement l'air de vos poumons. Si vos côtes se déplacent trop vers l'intérieur ou vers le bas, cela signifie que vous les avez soulevées lorsque vous avez inspiré, ou que vous avez trop empli la partie supérieure de vos poumons.

Inspiration
Abdomen vers l'extérieur
Poitrine normale

Expiration
Abdomen normal
Poitrine normale

Quand vous respirez normalement, c'est votre abdomen qui sort et entre légèrement (au fil de vos respirations). Le cycle de la respiration ne devrait pas exiger d'effort particulier, mais devrait remplir vos poumons à 80 % de leur capacité maximale. Emplir ses poumons à 100 % exige un certain effort, ce qui n'est pas naturel. Expirer avec force en tirant votre abdomen vers l'intérieur à la fin de l'expiration dégage vos poumons de leur air jusqu'à 10 ou 20 % de leur capacité. Tout comme il n'est pas sain d'emplir vos poumons à 100 %, il n'est pas sain de les vider complètement non plus; le faire exigerait l'utilisation de plus de force que pour une expiration naturelle.

Afin de l'apprendre, essayez d'emplir vos poumons jusqu'à saturation (sans vous faire mal), tout en gardant votre cage thoracique aussi immobile que possible. Retenez ensuite votre souffle pendant une dizaine de secondes; expirez complètement et retenez votre souffle une fois de plus (alors que vous êtes « vide »). Laissez tous vos muscles se détendre et laissez votre corps respirer sans tenter de l'influencer. Maintenant, prenez une respiration normale, emplissez vos poumons avec votre abdomen en ne faisant qu'un effort léger. Tenez votre air pendant 3 secondes, puis laissez-le aller sans autre effort qu'une légère traction interne avec votre abdomen à la fin de l'expiration.

Voici ce que l'on appelle une respiration normale. La respiration normale sera utilisée dans toutes les techniques qui focalisent sur l'élévation de soi, telle que la méditation et l'entraînement mental et spirituel. La respiration inversée est utilisée dans le développement physique afin d'ouvrir les canaux énergétiques du corps et augmenter la capacité de manifester le Qi sur le plan physique.

Respiration inversée

Afin de bien saisir les principes de la respiration Inversée, vous devez d'abord vous exercer à bien faire la respiration normale. Il est important de garder sa cage thoracique presque immobile en faisant la respiration Inversée. Vous devriez également comprendre les principes du Jin, Qi et Shen pour en faire une pratique efficace.

Le cycle de la respiration Inversée est utilisé afin de concentrer ou comprimer votre Qi de manière à le rendre plus dense afin qu'il puisse devenir disponible sur le plan physique. Elle est utilisée afin de produire du Jin à partir de votre Qi. Lorsque vous comprimez le Qi, vous sentez une certaine chaleur. Il s'agit du Jin.

Afin de clarifier cela pour vous, oubliez la respiration normale quelques instants et respirez d'instinct, sans y réfléchir. Imaginez que vous êtes dans une situation où vous êtes très alerte, peut-être avez-vous besoin de vous défendre, de sorte que vous devez être disponible à l'action à tout moment. En fermant les poings, prenez une grande respiration, profonde, mais rapide, sans y réfléchir. La plupart des gens verront leur abdomen « entrer » vers l'intérieur lors de l'inspiration, et « sortir » lorsqu'ils expirent. Faites quelques essais avec cette méthode de respiration.

Lorsque vous êtes en danger, le corps fait une respiration Inversée de façon totalement naturelle, s'apprêtant ainsi à fournir de l'énergie disponible pour une action physique. La respiration rapide décrite ci-haut n'était qu'un exemple. Pour la méthode de la respiration

Inversée, le souffle devrait être pris de manière aussi douce que lors d'une respiration normale, sauf sur avis contraire.

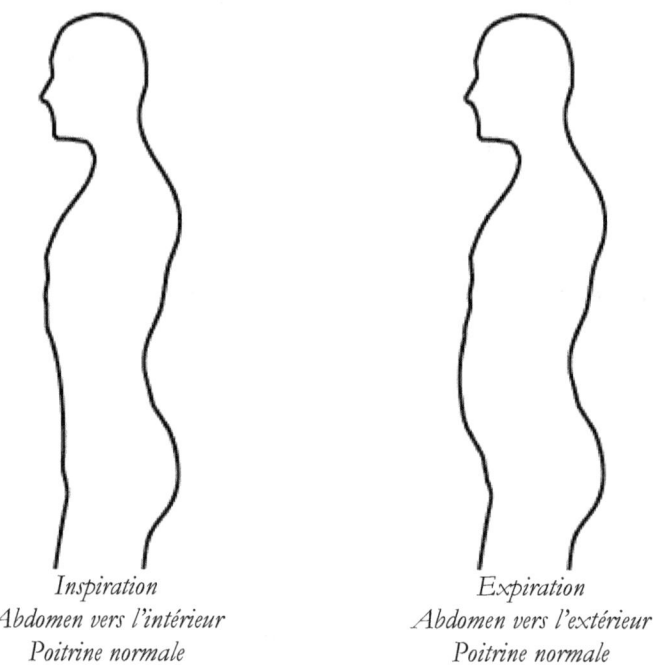

Inspiration
Abdomen vers l'intérieur
Poitrine normale

Expiration
Abdomen vers l'extérieur
Poitrine normale

Lorsque nous expérimentons avec des méthodes dont l'objectif est de manifester des phénomènes physiques, nous utiliserons la respiration Inversée. Le haut de la cage thoracique ne bouge toujours pas et vous devriez toujours respirer de manière lente et confortable. En inspirant, contractez votre abdomen, en le rentrant légèrement. En expirant, relâchez complètement vos muscles abdominaux, en poussant légèrement vers l'extérieur à la fin de l'expiration, et ce, sans faire d'effort.

Méthode de condensation du Qi radial

Avant de faire quoi que ce soit requérant du Qi, vous devez avoir une certaine réserve de Qi pour le faire. Œuvrer sans réserve de Qi tarira votre propre force vitale, ce qui devrait être évité à tout prix. Amasser du Qi est assez simple, et vous pouvez le faire à peu près partout dans la mesure où vous ne faites pas déjà quelque chose requérant de concentration. Par exemple, ne le faites pas lorsque vous êtes dans un véhicule en mouvement. Lorsque vous amassez le Qi, ceux qui vous entourent ainsi que vous-même serez plus sujet à perdre votre concentration. Par exemple, tous pourraient se sentir somnolent, ou au contraire hyperactif, ou avoir d'étranges sensations, surtout si vous n'êtes pas habitué à ressentir le Qi circuler. De plus, vous devrez être en mesure d'utiliser votre concentration afin de faire les visualisations mentales nécessaires à la collecte, l'emmagasinage et la circulation du Qi. L'énergie que vous visualisez est réelle et elle suit votre concentration. Pendant que vous l'imaginez circuler vers le bas, avec votre respiration, jusqu'au dessous de votre nombril, le Qi sera déplacé à votre Dantian. Lorsque vous l'imaginez se condenser à cet endroit, le phénomène se produira réellement. Vous pouvez utiliser des images comme guides si vous le désirez et vous trouverez utile d'imaginer l'énergie que vous êtes en train de déplacer comme étant un nuage blanc qui « coule » tel un courant a l'endroit que vous aurez choisi mentalement.

Emmagasiner le Qi dans votre Dan-tian

Placez vos paumes sur votre Dan-tian, qui se situe juste au-dessous du nombril (fig.1). Les hommes doivent toucher leur Dan-tian avec leur paume gauche, la main droite par-dessus la main gauche, les femmes avec leur paume droite, la main gauche par-dessus la main droite. Si vous êtes debout, fléchissez légèrement les genoux. Si vous êtes assis, essayez de garder votre colonne vertébrale bien droite et ne croisez pas vos jambes.

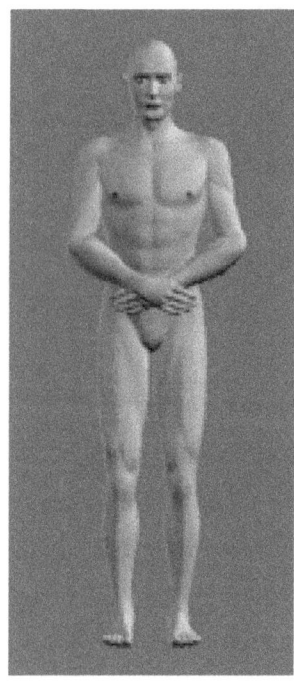

En inspirant, visualisez une lumière blanche qui vous entoure, qui pénètre tous les pores de votre peau, circulant dans tout votre corps et saturant votre Dan-tian. Souvenez-vous que ce que vous visualisez est effectivement en train de se produire. En expirant, toute cette énergie blanche est condensée en une boule dense d'énergie dans votre Dan-tian, au centre de votre corps juste en dessous du nombril. Amassez du Qi en respirant normalement, profondément et calmement. Prenez le Qi autour de vous et concentrez-le dans votre Dan-tian.

Collecte active

Levez-vous, prenez quelques respirations normales et détendez-vous. Fléchissez vos genoux légèrement et débutez.

En inspirant, imaginez qu'une lumière blanche provenant d'au-dessus de vous entre dans votre corps par le dessus de votre tête, un peu comme un vent d'apparence blanche, descendant tel un courant continu dans votre Dan-tian (fig.2). Vous pouvez utiliser la figure 2 comme support à vos visualisations. En expirant, l'énergie demeure captive dans votre abdomen et devient telle une boule de lumière. Prenez neuf inspirations, calmement, en absorbant le Qi (la lumière blanche) depuis l'espace au-dessus de votre tête. Vous aurez peut-être tendance à contracter les muscles de votre abdomen et de vos bras lorsque vous faites cet exercice la première fois. Il s'agit là d'un réflexe normal. Exercez-vous à n'utiliser que votre volonté pour canaliser l'énergie en vous, tout en demeurant détendu.

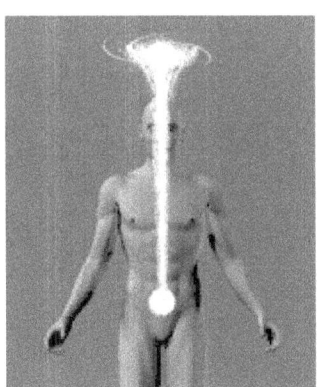

Fig. 2

Dans l'exercice suivant, vous attirerez l'énergie avec vos deux mains, à travers votre tronc, jusqu'à votre Dan-tian. Vous inspirerez et attirerez l'énergie avec vos deux mains simultanément. Pour ce faire, placez vos bras en croix, les paumes vers l'extérieur, absorbez l'énergie par le milieu de vos paumes, attirant l'énergie le long de vos bras, votre tronc et enfin votre Dan-tian. Répétez cette séquence neuf fois (inspirez et attirez l'énergie jusqu'à votre Dan-tian). Détendez-vous et faites en sorte que tout l'exercice exige aussi peu d'effort que possible.

Ensuite, vous répéterez ce processus avec vos deux pieds, « aspirant » l'énergie à travers la plante de vos pieds, le long de vos jambes et jusqu'à votre Dan-tian. Lorsqu'elle s'y trouve, visualisez la boule d'énergie blanche grandir et devenir de plus en plus puissante à chacune de vos neuf respirations.

Une fois que vous aurez pris vos neuf respirations, tout en attirant l'énergie en vous jusqu'à votre Dan-tian au moyen de vos cinq centres (depuis le dessus de votre tête, vos deux mains et vos deux pieds), vous referez l'opération, mais cette fois-ci avec vos cinq centres simultanément, en utilisant les 5 points d'entrée en même temps afin de saturer d'énergie votre Dan-tian avec neuf respirations (fig. 3)

Terminez cet exercice en plaçant vos mains par-dessus votre Dan-tian et prenez quelques répétitions normales. Ceci vous aidera à emmagasiner l'énergie que vous avez amassée.

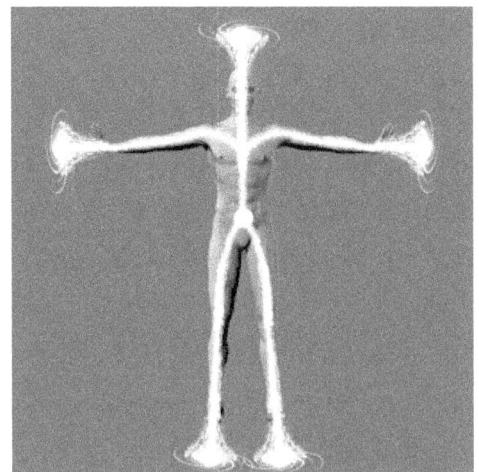
Fig.3

Sentir le courant du Qi

Alors que votre corps absorbe et fait circuler l'oxygène, il fait également circuler de façon naturelle de l'énergie sous forme bioélectrique. Cette énergie est utilisée par les fonctions corporelles ainsi que pour maintenir la vie. Plus l'énergie circule calmement et en douceur, plus nous sommes en santé et plus claires sont nos pensées. Nos émotions sont influencées par ce courant d'énergie bioélectrique ainsi que par nos hormones.

De la même façon dont nous avons appris à attirer l'énergie dans notre Dan-tian en attirant notre attention sur notre respiration et en visualisant l'énergie bioélectrique transportée par notre respiration jusque dans notre plexus solaire, nous pouvons également nous concentrer sur notre respiration et diriger la bioélectricité de d'autres façons. Par exemple, nous pouvons diriger cette énergie partout dans notre corps simplement en le souhaitant. Lorsque nous voulons lever un bras, nous n'avons pas besoin de savoir comment le sang coule dans les veines, comment l'énergie nerveuse stimule les fibres musculaires pour les faire contracter. La seule chose que nous devons faire est de vouloir lever le bras, et le bras se lève. Un bébé peut lever son bras aussi facilement qu'un scientifique. Il n'a qu'à souhaiter le faire.

Afin d'en provoquer l'occurrence selon votre volonté, nous n'avez qu'à imaginer l'endroit où se trouve l'énergie et l'endroit où vous voulez qu'elle aille, et le Qi se comportera en conséquence, suivant le flot de vos images mentales. Avec du temps et de la pratique, vous pourrez sentir ce mouvement du Qi de la même manière que s'il s'agissait de vent circulant dans votre corps. Certains décrivent la sensation comme étant de l'eau coulant de la source du Qi jusqu'à l'endroit choisit. Le nom traditionnel de cet art consistant à diriger l'énergie selon sa volonté est « Qi-Gong » ce qui signifie « la pratique du Qi ».

La respiration augmentera le mouvement du Qi. La visualisation à elle seule provoquera également la circulation du Qi, mais pas suffisamment pour rendre vos pratiques réellement efficaces. Afin que cette pratique le soit vraiment, vous devez respirer correctement, vous devez imaginer mentalement le flot du Qi, ensuite vous devez souhaiter que la bioélectricité se déplace vers un endroit spécifique. Tout cela est très similaire au fait de vouloir bouger le bras ; vous le souhaitez et cela se produit, même si le reste de votre corps demeure immobile. Il s'agit d'une action isolée qui n'agit que sur la partie de vous-même que vous désirez bouger. Respirer normalement est essentiel au développement de vos canaux énergétiques ainsi qu'à l'utilisation du Qi pour ses multiples applications. Lorsque vous inspirez, vous attirez l'énergie en vous et lorsque vous expirez, cette énergie se dirige là où vous le voulez. Des visualisations claires, une respiration appropriée et l'usage convenable du désir sont cruciaux aux mouvements efficaces du Qi.

Il est important que vous respectiez les directives de l'entraînement de base décrit ici afin que vous puissiez entraîner correctement votre mental à visualiser la circulation de la bonne énergie, selon vos désirs. Nous suggérons fortement de ne jamais imaginer d'énergie chaotique ou désordonnée circulant dans votre corps puisque faire ceci peut influencer négativement vos fonctions corporelles.

Une approche par étape est nécessaire au développement de votre capacité mentale de contrôle du Qi dans votre corps. À mesure que vous intégrez la connaissance et l'expérience nécessaires dans l'art de diriger le courant d'énergie, vous pourrez sentir l'effet de votre entraînement et comprendre les différentes applications du Qi-Gong de façon plus rapide et plus complète.

Technique pour apprendre à sentir le Qi

Après avoir pratiqué la méthode de la collecte du Qi, votre corps renferme légèrement plus de Qi que d'habitude, ce qui rendra la sensation du Qi plus facile. Ne faites jamais d'exercice de Qi sans d'abord en remplir vos réserves, autrement vous pourriez utiliser votre propre force vitale ou réserves bioélectriques, ce qui peut mener à des effets indésirables comme la fatigue ou la maladie.

Prenez quelques respirations normales. Placez votre paume droite par-dessus votre bras gauche, sans le toucher, en gardant une distance d'au moins un pouce. Vous allez maintenant utiliser la méthode de respiration Inversée. Alors que vous inspirez et que vous contractez légèrement votre abdomen, chargez votre main droite de Qi en vous imaginant que votre main est saturée de lumière ou d'un « vent » blanc. En expirant, détendez votre abdomen et visualisez le Qi émanant de votre main droite vers la surface de votre bras gauche. Utilisez votre volonté et votre imagination pour produire cet effet. Déplacez votre main droite au-dessus de la peau de votre bras pendant que vous commencez à ressentir une légère sensation se dégageant directement de votre main droite.

Le Qi peut déclencher des sensations de chaleur, de froid, d'air en mouvement, de chatouillement ou encore rien du tout lorsque vous faites cette expérience la première fois. Après avoir fait quelques respirations, en utilisant votre paume pour diffuser le Qi, tentez de faire le même processus, mais en pointant les doigts. Pour ce faire, gardez votre bras droit tendu et pointez les doigts de la main gauche vers votre bras droit, déplaçant les doigts de votre main gauche depuis ceux de votre main droite, remontant jusqu'au coude, dans un mouvement lent de va et viens, alors que vous poursuivez toujours vos respirations inversées ainsi que votre visualisation. Vous finirez pas ressentir le Qi circuler.

Petite et grande circulation

Ce qui suit est un résumé sommaire de la petite et grande circulation. Il existe une quantité énorme de connaissance disponible sur ce sujet et nous recommandons que vous en appreniez davantage à ce sujet après avoir appris ces pratiques de base.

Il existe deux canaux principaux dans lesquels circule le Qi, l'un d'entre eux passant le long du milieu de l'avant de votre corps, et l'autre le long du milieu de l'arrière de votre corps. Le canal antérieur se nomme le « Vaisseau de la conception » et le canal postérieur, courant le long de la colonne vertébrale, se nomme le « Vaisseau gouverneur ».

Petite circulation

Nous utiliserons la respiration inversée pour cette technique, pendant que vous visualisez une lumière blanche circulant dans vos vaisseaux. La figure 4 vous aidera à saisir la trajectoire de cette visualisation. Au moyen de la respiration inversée, inhalez une fois alors que vous faites les étapes de 1 à 4, pour ensuite expirer à l'étape 5.

Faites quelques respirations normales et détendez-vous.

En commençant à respirer, visualisez le Qi blanc émanant de votre Dan-tian. Tout en contractant votre abdomen, visualisez le Qi se déplaçant vers le bas dans votre Vaisseau de la Conception (#1). Le Qi continue de circuler lentement vers le bas, sous votre entrejambe alors que vous contractez votre périnée (#2). Le Qi se déplace vers l'arrière jusqu'à votre coccyx puis vers le haut pendant que vous contractez vos fessiers (#3). Ensuite, vous complétez l'inhalation alors que le Qi circule le long de votre colonne vertébrale au niveau de votre Dan-tian (#4). En expirant, et en relâchant votre abdomen, le Qi retourne dans votre Dan-tian (#5).

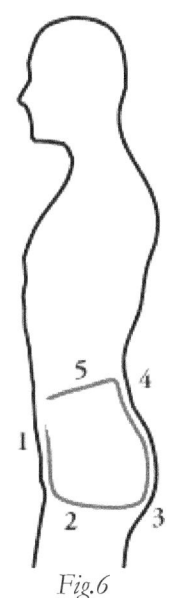

Fig.6

Commencez avec quelques petites circulations consécutives et essayez de sentir le Qi circuler. Il est recommandé de faire neuf boucles complètes à la fois, puis de se reposer. Faites ces exercices lentement et confortablement.

Grande circulation

En utilisant la figure 7 comme guide de visualisation, complétez une inhalation tout en faisant les étapes #1 à #5. Expirez naturellement, sans visualiser.

Faites quelques respirations normales et détendez-vous.

Au moment de commencer votre inspiration, contractez votre abdomen et visualisez le Qi blanc émaner de votre Dan-tian et descendre dans votre Vaisseau de la Conception (#1). Le Qi continue de circuler en douceur vers le bas et en dessous de votre tronc alors que vous contractez votre périnée (#2). Le Qi retourne vers l'arrière, vers le coccyx et remonte le long de votre dos alors que vous contractez vos fessiers (#3). Tout en maintenant votre abdomen, périnée et fessiers contractés, visualisez le Qi circuler vers le haut le long de votre dos jusqu'au dessus de votre tête (#4). Terminez votre inhalation alors que le Qi commence à redescendre, suivant votre front et votre nez (#5). En expirant, relâchez toute contraction et le Qi retournera naturellement vers le bas de votre corps, empruntant le Vaisseau de la Conception, jusqu'au point de départ (#1).

Faites neuf de ces circulations à la fois, ensuite détendez-vous. Faites toujours ces exercices lentement et confortablement.

Fig.7

Implication

Le concept d'évolution rapide et facile est commun dans cette ère moderne. Plusieurs souhaitent développer une extraordinaire puissance, mais avec un minimum de responsabilité concernant les conséquences de leur utilisation de cette puissance. Ils désirent investir très peu de temps et d'énergie tout en récoltant d'énormes bénéfices. Il vous est possible d'évoluer très rapidement, mais il est également nécessaire que vous développiez le sens des responsabilités adéquat avant de parvenir à ces gains. Ceci ne peut être exclu.

Le sens des valeurs et de l'échange juste

Il est important de démontrer votre appréciation de la valeur de la connaissance sacrée que vous acquerrez ici. Vous devez apprendre à chérir ce savoir et comprendre que vous ne devez pas le transmettre gratuitement à quelqu'un qui risque d'en faire mauvais usage. Ce savoir occulte est trop important pour être considéré comme quoi que ce soit d'autre que votre possession la plus précieuse. Vous devez le garder pour vous et ne le révéler que si la personne faisant la quête du savoir fait preuve de compréhension et de respect. Il y a un coût spirituel rattaché à la divulgation de secrets occultes de grande valeur à des gens n'ayant pas démontré le respect adéquat.

Lorsqu'un moine désirait apprendre quelque chose de son Maître, il devait travailler dur pendant toute la journée et apporter de la nourriture avec lui (afin de la donner au Maître). Ensuite, le Maître s'assurait qu'un certain équilibre soit respecté dans l'échange, révélant un peu de connaissance ésotérique à l'apprenant. Il ne doit y avoir aucun abus dans cet échange, il doit être juste et équilibré. Vous ne devez jamais détruire votre vie pour acquérir de la connaissance sacrée, mais vous ne devez certainement pas non plus vous attendre à acquérir de connaissance ayant autant de valeur sans effort ni sacrifice.

Vous ne développerez une grande puissance que lorsque vous sentirez en vous que vous chérissez ce savoir sacré de grande valeur, et lorsque vous vous comporterez de manière à le protéger. Nous appelons cette attitude « Sens du Sacré ». Ce « Sens du Sacré » est un pré requis à la concrétisation des plus grands pouvoirs dans n'importe quel système occulte.

Temps et Volonté

Vous ne parviendrez pas à développer quelque pouvoir psychique en testant une méthode une fois pendant cinq minutes. En fait, vous ne parviendrez jamais à rien en essayant une technique pendant une heure pour ensuite abandonner à cause du manque de résultats.

Pour développer de grands pouvoirs, vous devez pratiquer au minimum cinq minutes par jour, chaque jour. Une fois par semaine, vous devez pratiquer pendant au moins une heure. Faites quelque chose chaque jour, ne serait-ce qu'une salutation simple à votre autel.

Pour évoluer plus rapidement, vous pouvez faire vos exercices 20 minutes chaque jour. Tous ceux ayant agi avec la détermination de progresser sur leur propre voie spirituelle ont connu une certaine élévation et transformation intérieures avec ce genre d'efforts constants. Si rien ne se passe, peut-être vous ne baignez pas dans cette attitude « Sacrée », avec le respect convenable pour la connaissance que vous recherchez. Quoi qu'il en soit, vous devriez vous accorder suffisamment de temps afin que les résultats se manifestent en vous.

Certains étudiants intransigeants envers eux-mêmes, qui sont très dévoués à l'obtention de résultats, ont utilisé ces techniques pendant trente minutes chaque jour. Après seulement quelques mois, ces étudiants dévoués ressentent d'intenses courants énergétiques, constatant des résultats dans leur vie personnelle et devenant de plus en plus conscients de routines comportementales qu'ils n'avaient jamais observées auparavant. En plus de ces pratiques, les étudiants les plus déterminés étudiaient ce savoir ésotérique, gardaient une attitude sacrée et prenaient soin de leur corps.

Armez-vous de détermination et ensuite allez-y. Si vous pratiquez seulement cinq minutes par jour, à chaque jour, vous parviendrez à des résultats.

Karma et Dharma

Nous ne nous éterniserons pas sur le sujet du **Karma** et du **Dharma**, puisqu'il existe déjà beaucoup d'information sur ces sujets. Au lieu d'un long exposé, nous en résumerons les principaux concepts et vous donnerons des exercices à pratiquer quotidiennement afin de promouvoir votre croissance personnelle.

Le Karma est le résultat ou la conséquence de vos actions passées. Vous ne récoltez de la vie que ce que vous y semez; vous récoltez à l'automne que ce que vous avez semé au printemps; œil pour œil, dent pour dent. Chaque action posée provoquera une réaction de l'Univers, réaction qui vous parviendra éventuellement (sous forme de justice karmique). Afin de percevoir votre vie au niveau spirituel, vous devez comprendre que chaque action que vous posez, même celles que vous avez posées dans une vie antérieure, aura des répercussions concordantes aujourd'hui sous forme de leçon qui peut comprendre un peu de souffrance. Ces leçons vous parviennent afin que vous deveniez conscient du besoin de compassion dans vos relations. Ainsi, le Karma est un outil servant à vous enseigner toute leçon de vie qui vous permettra d'évoluer le plus efficacement possible. La souffrance n'est pas nécessaire à la vie, mais nous devons l'accepter lorsque nous l'expérimentons puisqu'elle existe pour nous aider à évoluer. Bien que nous devions accepter tout déboire qui se présente à nous, nous devons en même temps apprendre à nous libérer du Karma négatif.

Le Dharma est également un outil pour nous aider à apprendre et évoluer au niveau personnel. En assumant que vous n'avez pas volé, assassiné ou menti dans une autre vie, votre Être supérieur peut tout de même décider de faire quelques expériences, peut-être afin de mieux comprendre la vie en tant qu'être humain. Pour faciliter cette compréhension, votre Être supérieur peut provoquer certaines situations fâcheuses dans votre vie afin que l'apprentissage désiré puisse se produire. Il se trouve habituellement moins de souffrance dans les leçons du Dharma que celles du Karma, et parfois il ne s'en trouve pas du tout.

Même si vous êtes à la recherche d'une évolution personnelle, vous avez peut-être subi quelques situations difficiles ou certaines injustices qui vous semblent impossibles à porter. Lorsque c'est le cas, vous voudrez peut-être faire appel à la Grande Justice universelle afin qu'elle se manifeste dans votre vie et celle de ceux qui sont dans votre environnement immédiat. Il ne s'agit pas ici d'invoquer la simple justice humaine; c'est pourquoi nous faisons plutôt référence à la Justice Divine qui placera sur votre route certaines expériences afin de résoudre votre Karma pour libérer l'âme de ses tracas. Si vous croyez avoir vécu une injustice causée par autrui, vous pouvez invoquer cette Grande Justice afin de tout remettre en ordre. Celle-ci provoquera un enchaînement d'événements qui forceront votre agresseur à apprendre une leçon, l'aidant ainsi à libérer son âme de son poids karmique.

Vue de l'extérieur, la personne en question semblera souffrir et les événements sembleront mener à une correction de la situation afin que justice soit faite envers vous. Cela peut même ruiner sa vie. En vérité, ces événements se déroulent de manière à vous libérer tous deux du poids karmique qui vous lie sans doute, et cette correction peut même contribuer à ruiner VOTRE propre vie. Si l'agresseur en question est dans son bon droit, et que vous êtes dans l'erreur, préparez-vous à subir une leçon majeure, sous le sourire de votre « cible » innocente.

Un grand sens de la compassion et du pardon transformera votre Karma, le libérant ainsi sans que vous n'ayez à subir ces expériences difficiles. Développer une attitude de compassion et d'amour élèvera votre Karma jusqu'à ce que l'amour le dissolve complètement, prévenant ainsi la nécessité de subir des leçons douloureuses. Cependant, si la compassion prévient l'occurrence de leçons difficiles, elle prévient également l'apprentissage des dites leçons. Il se peut, dans ce cas, que la leçon ne soit pas nécessaire à votre évolution, et les événements que vous expérimentez peuvent avoir été une charge excédentaire provenant de Karma passé, à une époque où vous étiez moins vertueux que vous ne l'êtes aujourd'hui.

La clef réside dans l'équilibre entre le fait d'accepter les leçons de la Vie d'une part, et de pardonner et cultiver de la compassion en tant qu'outil servant à alléger la douleur de votre existence d'autre part. La pratique de la compassion consiste à identifier les leçons dans votre propre vie en ayant une perspective extérieure à votre point de vue habituel; comme si vous étiez un Esprit survolant votre être humain. Alors que vous regardez vos problèmes de votre vie ici-bas, ainsi que les gens qui vous causent problème, vous devez vous efforcer de pardonner les autres parties qui vous mettent en colère tout en cherchant à comprendre la leçon elle-même ainsi que sa signification dans votre vie. Respirez profondément et n'ayez pas peur d'expérimenter des émotions venant de votre passé. Revivez mentalement votre vie et demandez à Dieu de vous guider à travers les étapes de vos leçons karmiques ainsi que votre voie Dharmique.

En temps et lieux, vous apprendrez à invoquer la Grande Justice afin qu'elle se manifeste, sans répercussions négatives, mais n'utilisez pas cette technique avant d'être en paix avec votre cœur puisque la technique fera remonter à la surface de vieux souvenirs et fera se manifester des événements qui peuvent vous causer des souffrances si vous n'avez pas d'abord développé suffisamment de compassion ainsi que la capacité de voir votre vie à partir d'une perspective plus élevée.

Mudras de base pour les mains

Un « mudra » est un geste de la main, tout comme le « mantra » est un son et comme le « mandala » est une image ou une pensée. Un mudra est une position particulière des mains qui connecte les canaux énergétiques de vos doigts d'une certaine façon afin de produire un effet précis et bénéfique. Lorsque le bout de certains doigts fait contact, cette action active des relais énergétiques qui, en conjonction avec le courant énergétique normal circulant dans les doigts en extension, produisent des effets souhaitables dans vos corps physique et énergétique.

Certains mudras sont conçus pour agir positivement sur votre corps physique, d'autres sur votre être spirituel. Les effets des mudras « physiques » sont aussi vastes que la reconstruction des os et des cartilages, la guérison des reins, la clarté mentale, l'éveil plus rapide et facile le matin. Les mudras spirituels ont un spectre assez large d'effets « stimulants » qui peuvent améliorer vos habiletés psychiques, vous aider à pardonner, réduire la sensation de colère (ainsi que la colère elle-même), augmenter vos niveaux d'énergie, etc. En fait, il existe des centaines de mudras différents. C'est à partir de ceux-ci que vous pouvez créer tous les effets que vous puissiez imaginer, mais il est recommandé de les apprendre un à la fois.

Prana Mudra

Ce mudra stimule le Chakra de la base, les canaux énergétiques dans les jambes, ainsi que les Chakras mineurs au centre des pieds. Ce Mudra s'appelle le « Mudra de Vie ». Il élève le niveau d'énergie, réduit la fatigue et clarifie la vision. Il augmente votre détermination et votre confiance en vous. On l'utilise également parallèlement avec les traitements pour les problèmes de l'oeil.

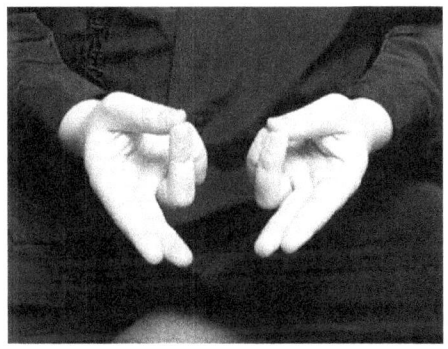

Étendez votre index et votre majeur; placez votre pouce contre le bout de votre annulaire et votre auriculaire, formant ainsi un cercle. Faites des respirations normales, profondes et lentes. Concentrez-vous sur votre Chakra de la base et sur la plante de vos deux pieds. Après une minute de respirations normales, commencez à faire des respirations inversées, et ce, pendant plusieurs cycles. Inspirez en contractant votre abdomen, organes sexuels, périnée et fessiers. Retenez votre souffle pendant 5 secondes et puis relâchez tout, mais continuez à faire le mudra. Respirez normalement une fois de plus et répétez ce cycle pendant cinq minutes.

Mudras de nourriture, d'air, et d'énergie

Les Mudras de nourriture, d'air et d'énergie sont utilisés afin d'améliorer l'assimilation de la nourriture et autres nutriments que vous consommez. Lorsque le procédé d'assimilation d'assimilation de la nourriture est grandement facilité, votre santé sera naturellement améliorée. De plus, vos niveaux d'énergies seront multipliés. Ce Mudra est conçu pour vous aider à bien digérer la nourriture, à en absorber les nutriments et ensuite éliminer les déchets plus facilement. Les Mudras de nourriture, d'air et d'énergie vous offrent tous ces bénéfices et vous aideront à résoudre bien des problèmes digestifs.

Mudra d'assimilation

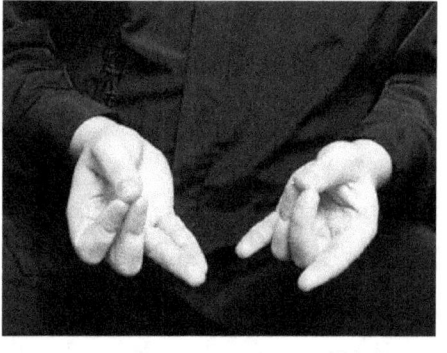

Avec la main gauche, joignez votre pouce, majeur et annulaire. Ceci créera un lien entre la circulation de l'énergie et le processus d'assimilation/élimination de vos corps (physique et spirituel). Avec votre main droite, joignez votre pouce, majeur et annulaire, ce qui améliorera le processus d'assimilation à tous les niveaux. Respirez pendant 2 à cinq minutes, en gardant vos mains dans cette position. Détendez-vous et faites le vide mentalement.

Mudra d'élimination

Gardez votre main gauche dans la même position que le Mudra précédent, afin de rester en contact avec le courant énergétique du procédé d'assimilation qui vient d'être mis en place.

Vous n'avez qu'à changer la position de votre main droite, joignant votre pouce, annulaire et auriculaire, tout en gardant l'index et le majeur bien droits. Ce Mudra augmentera votre capacité à éliminer les déchets et les toxines, aidera à traiter des pathologies de la digestion et il est particulièrement bénéfique pour les intestins irrités. Respirez pendant quelques minutes avec vos mains dans cette position. Concentrez-vous sur le courant d'énergie, en détendant complètement votre corps et votre esprit.

Arts Martiaux

Peu de choses renferment autant de leçons puissantes que les arts martiaux. Ils nous permettent de nous développer physiquement, mentalement et spirituellement, et ce, simultanément. Il est possible qu'un adepte ne le remarque pas au début, mais avec les années, vous finirez par développer une compréhension plus profonde de ce concept.

Au début, vous apprenez le mouvement. Le rendre fluide, briser de mauvaises habitudes, comprendre les causes et effets de chaque technique. Vous ferez sans aucun doute des erreurs. Par la pratique continue des arts martiaux, vous commencerez à développer la première de nos vertus clés : l'humilité. Après avoir subi plusieurs revers et fait plusieurs erreurs, après avoir été frappé, ou après être tombé au sol incorrectement, vous commencerez à comprendre que nous faisons tous des erreurs, tous autant que nous sommes. Cela semble simple maintenant, mais cette leçon devient de plus en plus profonde. Vous deviendrez plus tolérant envers autrui, et par le fait même, envers vous-même.

Au fil de votre progression, vous commencerez à devenir plus fort. Si ce n'est pas de manière physique (bien que vous le deviendrez sans doute tout de même), vous serez tout de même plus agile, flexible, équilibré. Cette flexibilité accrue sera bénéfique pour votre santé et permettra à plus d'énergie de circuler en vous. Vous commencerez à comprendre davantage comment le corps fonctionne, vous comprendrez davantage les causes et les effets, vous approfondirez vos habiletés dans d'autres sphères physiques. Cela s'étendra, meilleur vous deviendrez, plus cela se fera ressentir dans d'autres sphères.

Avec le temps, votre mental se développera, et vous accroîtrez votre discipline en maintenant des positions, en combattant, en raffinant sans cesse votre technique jusqu'à ce qu'elle soit sans effort, mais puissante. Vous commencerez à évacuer davantage le stress de votre vie grâce à vos entraînements. Vous développerez un sens de la concentration mentale en tentant sans cesse de corriger de mauvaises habitudes, en essayant de remarque chaque petit détail. Chaque geste vous rendra soit meilleur soit pire, alors vous devez être alerte, conscient, vivant, éveillé.

Les leçons spirituelles commenceront à prendre effet. Les principes des arts martiaux s'étendent dans toutes les sphères de la vie. Permettez-moi de vous donner quelques exemples. Le principe d'éviter de se retrouver dans la mire d'un attaquant. Dans les arts martiaux, si quelqu'un tente de vous frapper, vous déséquilibrer ou vous projeter, votre désir sera de bouger de manière à ce que l'intention originale ne se produise pas. Examinons ce principe plus en profondeur. Si je traverse la rue, si je ne me trouve pas dans la trajectoire d'une voiture, elle ne me percutera pas. Si je le suis, elle le fera. Mais en contemplant ce principe plus en profondeur encore, nous pouvons l'appliquer aux menaces non physiques. Si quelqu'un médit à mon sujet, je peux laisser cela m'affecter, m'atteindre, me rendre malheureux, ou, je peux changer mon point de vue et dire que « l'agresseur » ne veut pas réellement dire ce qu'il dit et qu'il est simplement frustré, ou encore que vous avez fait une erreur en leur faisant confiance, ou encore que vous êtes effectivement dans le tort et que vous allez faire en sorte que cela ne se reproduise pas à l'avenir. Vous voyez ce que je viens de faire? J'ai changé mon point de vue, je me suis enlevé de la ligne de mire. En faisant cela, ces mots ne m'ont pas atteint.

Un autre principe en arts martiaux : Si vous détruisez l'arme de votre opposant, il ne pourra plus s'en servir. Si un attaquant me frappe avec son pied, et que je frappe un nerf important de sa jambe, il ne pourra pas utiliser cette jambe pour me frapper. Comment cela peut-il être mis en application? Si vous avez un discussion avec quelqu'un et que cette personne commence à se mettre en colère et à crier, si vous criez en retour, ou que vous adoptez une attitude de soumission, cela finira par blesser tout le monde et le cas ne sera pas véritablement réglé. Lorsque vous faites face à un opposant alors que vous argumentez, en le voyant devenir en colère, vous devez vous détacher de vos émotions, utiliser cette discipline bien développée, et considérer leur point de vue. Parlez avec une voix calme. Ce simple fait enlèvera beaucoup de prise à ses mots. Décrivez votre point de vue avec une voix calme, regardez votre interlocuteur dans les yeux, cela éliminera l'agression. Il ne criera plus en s'adressant à vous.

Dans ces quelques derniers exemples, j'ai expliqué le développement de nos vertus clés, soit la force, la justice et la compassion. La force se trouvait dans l'action calme et décisive afin de trouver une résolution, non pas en criant, mais en acceptant. La justice fut servie, car vous n'avez pas réagi trop fortement au problème, ni provoqué de chaos plus grand encore dans vos réponses. La compassion fut employée alors que vous considériez le point de vue d'autrui, compris la vérité dans ce qui était dit et agis en conséquence.

En pratiquant les arts martiaux, vous développerez l'humilité en assumant les erreurs. Vous augmenterez votre force en vous entraînant, en vous poussant physiquement, ou en endurant ce qui est inconfortable. Vous comprendrez la justice lorsque vous vous rendrez compte que ce ne sont pas toutes les attaques auxquelles il faut répondre avec virulence. Parfois vous devrez blesser l'opposant, parfois vous pourrez éviter de le faire. Parfois vous pourrez même éviter toute forme de conflit avant même qu'il ne commence. Il n'existe pas de justice pouvant s'appliquer uniformément à tous. Grâce aux arts martiaux, vous développerez votre compassion. Elle vous enseignera à quel point vous, et les autres, êtes fragiles. Vous deviendrez de moins en moins agressif et brusque, et de plus en plus compréhensif avec les autres.

Bien que les arts martiaux soient une partie très importante de l'entraînement du chevalier, nous ne pouvons offrir cet enseignement nous-mêmes. S'entraîner au moyen de photos, de notes ou de vidéos peut s'avérer très bénéfique dans votre progression, mais ils ne pourront jamais vous enseigner ce que vous devez savoir. Vous ne pourrez bien saisir le rythme, certains petits détails cruciaux vous échapperont. Il se trouve des gens qui ont d'excellents enseignants, mais qui ont quand même de la difficulté à saisir ce que ces derniers leur présentent, et ce, même après plusieurs années d'entraînement. Même avec le professeur juste à côté d'eux, avec une rétroaction immédiate, ils ont de la difficulté à adoucir leurs points faibles. Les livres, les DVD ne peuvent même pas vous corriger, et ils sont plutôt à deux dimensions. Bien qu'ils puissent apporter à votre attention certains détails que vous auriez pu oublier ou outrepasser, votre entraînement manquerait d'une certaine essence.

Plusieurs vont argumenter en mentionnant que certaines personnes apprennent en lisant, d'autres en voyant, d'autres en écoutant et enfin, d'autres en agissant. Cependant, puisqu'il s'agit d'une habileté physique, le tout n'est pas aussi simple que $2+2=4$.

Nous vous suggérons d'entreprendre un entraînement dans un art martial quelconque, quand ce sera possible pour vous. Cela dit, n'allez pas croire que nous voulons que vous viviez tel un moine, raide pauvre, afin de pouvoir payer vos leçons dans la meilleure école d'arts martiaux de votre localité. Si vous pouvez vous le permettre, trouvez un style et un professeur que vous appréciez. FAITES DES RECHERCHES ! Cherchez dans les styles, les enseignants et les écoles. Essayez une classe d'introduction, parlez aux autres étudiants si possible. Il se peut qu'un endroit en particulier ne soit pas pour vous. Lorsque vous aurez trouvé l'art qui vous convient, que ce soit le kenjutsu, la boxe, le karaté, les combats extrêmes, le kung-fu, le ninjitsu ou quoi que ce soit d'autre, assurez-vous d'être heureux d'y participer, et faites de votre mieux.

Une chose merveilleuse des arts martiaux est qu'ils enseignent un million de choses parallèles, la plupart d'entre elles n'étant pas à propos du combat.

La Chevalerie Mystique en Détail

Logo, sigle et décret

En développant les quatre vertus du Chevalier Mystique dans notre cœur et notre esprit, nous pouvons toucher la vérité subtile qui se trouve en nous, une vérité non dite qui fait de nous des rois et des reines de nos propres expériences de vie. La contemplation du sigle de la Chevalerie Mystique, et une réflexion sur les vertus du Code vous rapprochera de cet idéal de maîtrise de soi et de liberté. Le sigle placera une image dans votre esprit pour supporter les concepts du Code et incitera au comportement vertueux dans votre vie quotidienne. Affirmer le décret nourrira aussi cet idéal à la base de la Chevalerie.

Le Décret

L'Humilité au service de la Force
La Force au service de la Justice
La Justice au service de la Compassion
La Compassion au service de l'Humilité
Je suis un Chevalier Mystique au Cœur Couronné

OU…

Humilité
au service de la Force
au service de la Justice
au service de la Compassion
Je suis un Chevalier Mystique au Cœur Couronné

Récitez chaque vertue avec l'attitude correspondante. Dites « Humilité » avec une voix douce, mais décidée à la fois. Dites « Force » avec une voix puissante. Dites « Justice » avec une voix claire et fluide. Dites « Compassion » avec une voix tendre et aimante. Lorsque vous dites avec douceur « Je suis un Chevalier Mystique au Cœur Couronné », vous vous concentrez sur l'atteinte de cet objectif, et une fois que vous êtes déclaré chevalier, vous nourrissez l'objectif qu'il représente. Remarquez que nous ne parlons pas de la Chevalerie elle-même dans le décret, puisque nous accordons davantage d'importance à votre développement en tant que chevalier plutôt qu'à une affiliation avec l'organisation. Récitez le décret une fois, puis contemplez le sigle pendant un moment.

Imprimez le sigle et utilisez-le comme un talisman. Récitez le décret de la Chevalerie Mystique et fixez le sigle pendant quelques minutes. Cela vous assistera dans l'atteinte de cet objectif, de cet idéal que vous souhaitez atteindre, et il renforcera également le lien que vous avez avec les pensées collectives inconscientes de la Chevalerie

Mystique au Cœur Couronné. Si vous le souhaitez, vous pouvez également l'utiliser pour prier pour le développement de chaque membre de la Chevalerie, ou encore l'utiliser pour invoquer l'appui spirituel de la Chevalerie lorsque vous en avez besoin. Les Chevaliers spécialisés apprennent des techniques avancées afin de nourrir l'inconscient collectif de la Chevalerie, et utilisent son pouvoir pour amplifier l'effet de leur travail.

Logo vs. sigle

Il y à une différence entre le logo de la Chevalerie Mystique et le sigle du Chevalier Mystique. Lorsque nous nous adressons au public en général, ou aux autres membres de la Chevalerie, nous utilisons le logo avec l'énoncé « Chevalerie Mystique au Cœur Couronné ». Il est utilisé dans nos activités, sur des objets tels les vêtements, les affiches, le site web, bref : pour quoi que ce soit en lien avec la Chevalerie elle-même. Mais lorsque vous contemplez le symbole pour votre développement personnel, nous souhaitons que vous vous concentriez sur vous-même et non sur l'organisation. Ainsi, le sigle contient ces affirmations « Chevalier Mystique » et « Cœur Couronné », nourrissant les idéaux qu'ils représentent en vous. Si nous vous demandions d'utiliser le logo de la Chevalerie lors de vos pratiques méditatives, cela renforcerait votre lien avec l'organisation elle-même, créant ainsi un mouvement sectaire au lieu de vous aider à vous développer vous-même. Nous prônons la maîtrise de soi et la liberté. Vous êtes libre de choisir l'intensité avec laquelle vous souhaitez être lié à l'organisation.

Imaginez-vous que le logo vous représente vous, ou qu'il est imprimé sur votre chandail, afin que l'orientation soit inversée lorsque vous le regardez devant vous. Tous les aspects du sigle ont été conçus selon les règles occultes régissant la création des talismans.

Vertu	Humilité	Force	Justice	Compassion
Orientation	Haut/ Front	Bas/ Plexus solaire	Épaule Gauche	Épaule droite
Direction	Nord	Sud	Est	Ouest
Élément	Terre	Feu	Air	Eau
Saison	Hiver	Été	Printemps	Automne
Texture	Froid	Chaud	Sec	Humide

Sigle du Chevalier Mystique

Utilisez le sigle pour méditer et contempler le décret

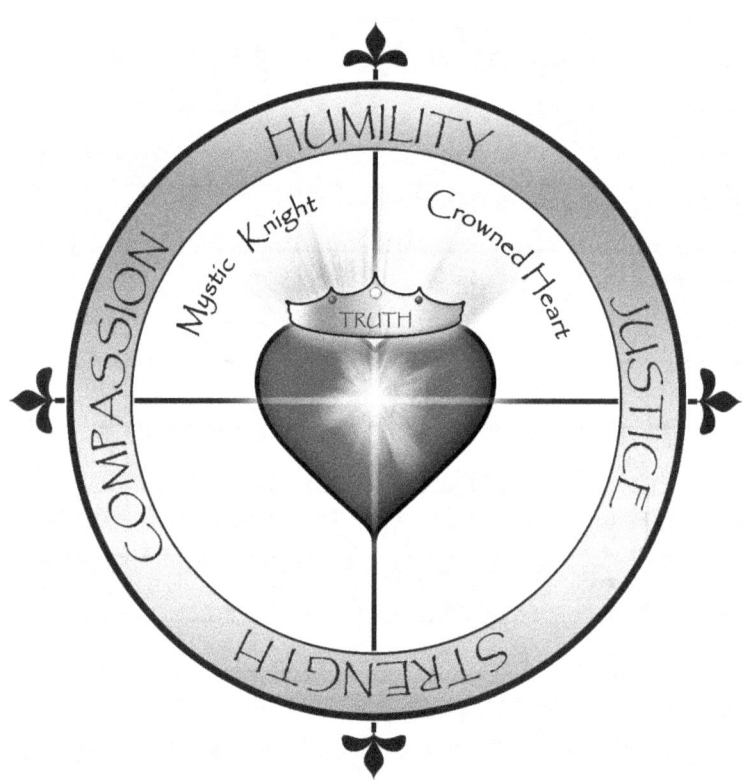

Logo de la Chevalerie

Utilisez le logo avec le public ou lors d'activités de la Chevalerie

La méditation du Chevalier Mystique

La méditation que nous faisons est un moyen pour notre Esprit d'habiter le corps, en encourageant l'intégration d'un comportement vertueux dans nos vies quotidiennes. Sa pratique régulière nourrira une aura de Chevalier Mystique rayonnante, au fil de vos progrès dans les enseignements de la Chevalerie. En contemplant les vertus afin de provoquer des changements positifs en nous, nous ouvrons une voie afin que l'Esprit puisse entrer en nous et se joindre à notre être humain.

La méditation du Chevalier Mystique est composée d'une série de 5 méditations faciles. Afin de progresser dans la Chevalerie Mystique, il est nécessaire de faire la série en entier au moins une fois à chaque fois que vous progressez à un niveau supérieur. Il est recommandé de le faire plus souvent si vous désirez rayonner d'une aura de Chevalier Mystique puissante, mais une seule fois est nécessaire afin de suivre les enseignements spirituels progressifs de la Chevalerie Mystique.

Vous pourriez imprimer le sigle (et non pas le logo) du Chevalier Mystique sur une feuille blanche ou une affiche. Le sigle est disponible sur le site web. Placez l'affiche sur un mur, à une hauteur où le centre se trouve légèrement plus haut que le niveau des yeux afin que vous ayez à regarder très légèrement vers le haut pendant que vous êtes assis et en méditation. Assoyez-vous confortablement, sur une chaise ou un oreiller sur le sol, à une distance vous permettant de voir clairement les détails importants du sigle. Gardez votre dos droit, sans effort. Évitez simplement de courber le dos vers l'avant de manière excessive.

Chaque fois que vous faites cette méditation, vous répétez le nom d'une vertu pour toute la durée de la méditation. La vertu changera une fois à chaque méditation, l'une après l'autre, pour un total de 5 méditations d'affilée. Nous vous suggérons de faire une méditation par jour pendant 5 jours, pour ensuite changer de technique ou vous reposer pendant 2 jours. Néanmoins, vous pouvez méditer deux fois par jour si vous le désirez. Votre période de méditation devrait durer entre 5 et 45 minutes (20 minutes est une période adéquate). Utilisez votre imagination afin de saturer une partie de votre corps avec un patron de couleur défini. Focalisez sur cette partie précise de votre corps.

1re
Humilité
Front et cerveau
Bleu brillant + étincelles dorées

2ieme
Force
Plexus solaire
Rouge brillant + étincelles dorées

3ième

Justice

Gorge et épaules

Bleu brillant + étincelles dorées

4ième

Compassion

Coeur

Bleu brillant + lueur bleue distante

5ième

Vérité

Le corps en entier et au-dessus de la tête

Blanc brillant et lueur blanche distante

Commencez en fixant votre regard sur le sigle pendant quelques minutes tout en respirant normalement, naturellement, de manière détendue et consciente. Faites le vide dans votre esprit, sans faire d'effort.

Ensuite, laissez votre regard devenir doux, très détendu, pendant que vous vous détendez encore davantage. À ce moment, commencez à vous répéter le nom d'une vertu, et ce, quotidiennement, une fois toutes les 5-6 secondes. Utilisez le nom de la vertu comme mantra.

Après une autre période de quelques minutes (2 ou 3), fermez les yeux et concentrez-vous sur la partie de votre corps correspondante et visualisez-la brillant de sa couleur respective. Par exemple, pendant la seconde méditation de cette série, répétez mentalement le mot « Force » tout en visualisant votre plexus solaire brillant d'une couleur rouge, avec des étincelles dorées. Conservez cette image mentale aussi longtemps que vous le pouvez.

Lorsque vous souhaitez cesser votre méditation, ouvrez vos yeux lentement et regardez le logo encore une fois. Ensuite, levez-vous et bougez. Si vous pouvez, tentez de ressentir l'énergie dans votre corps.

Cette série de méditation peut être faite quelques fois lorsque vous joignez la Chevalerie. Elle renforce les principes que nous enseignons et prépare votre corps énergétique et votre corps physique aux méditations plus intenses du Chevalier Mystique, qui seront présentées plus tard, si vous souhaitez poursuivre votre association avec la Chevalerie Mystique.

Amplifier l'aura

Après avoir fait la méditation d'introduction au moins une fois, bien que davantage serait préférable, en tant qu'apprenti nous vous suggérons de refaire la série complète des 5 méditations, en 5 périodes de méditation séparées d'une dizaine de minutes chacune.

Bien que nous n'imposions pas la pratique régulière de cette méditation du Chevalier Mystique, puisque vous avez évidemment déjà plusieurs techniques à apprendre, à pratiquer et à intégrer, nous vous recommandons de les faire de temps en temps afin de développer l'aura du Chevalier Mystique plus tard dans votre entraînement. Cette aura émanera de vous et touchera les gens qui vous entourent. Elle deviendra une bénédiction pour tous.

Tout en pratiquant ces méditations initiales, ne soyez pas empressé d'imaginer les étapes des niveaux suivants. Par exemple, ne déduisez pas que la prochaine étape pour la méditation sur l'humilité dont une lumière bleue émane de votre corps, car ce n'est pas le cas. Allez-y étape par étape et n'essayez pas d'aller plus vite que le processus normal.

Méditation sur l'humilité : Une fois que votre front et votre cerveau sont emplis de lumière bleue incandescente, laissez cette lumière bleue investir votre corps en entier. Une fois que votre corps est saturé de cette lumière bleue, ajoutez des étincelles dorées à la visualisation. Répétez le mot « Humilité » à intervalles de quelques secondes, comme un mantra. Essayez de laisser votre conscience transcender. Essayez de laisser votre être spirituel prendre le dessus, alors que votre être physique repose en méditation.

Méditation sur la force : Une fois que votre plexus solaire est plein de lumière rouge, laissez-la s'étendre vers le haut et le bas, jusqu'à saturer votre corps en entier. Ajoutez les étincelles de lumière dorée. Répétez le mantra « Force ». Essayez de demeurer présent dans votre corps, de façon consciente, alors que la force provient d'un plan spirituel supérieur. N'essayez pas de comprendre le processus autant que de le vivre, tout simplement.

Méditation sur la justice : Une fois que votre gorge est chargée de lumière bleue, laissez-la prendre de l'expansion afin de saturer votre corps en entier. Ajoutez à la visualisation des étincelles dorées. Répétez le mantra « Justice ».

Méditation sur la compassion : Emplissez votre cœur de lumière bleue. Laissez-la ensuite s'étendre à tout votre corps. Mantra et attitude similaire au niveau suivant des méditations d'apprentis.

Méditation sur la vérité : Dans cette méditation de débutant, vous avez déjà empli votre corps de lumière blanche. Cette fois, essayez de ressentir la vibration spirituelle de la lumière blanche. Essayez d'aller au-delà de la simple visualisation, mais essayez d'aller jusqu'à le ressentir, ne serait-ce que dans votre imagination. Votre corps énergétique éveillera éventuellement sa sensibilité.

Le rituel du Chevalier Mystique pour la protection et le support spirituel

Certaines personnes aimeraient obtenir protection et support spirituel simplement en remplissant un formulaire sur le web, en marmonnant quelques mots mystiques, croyant que c'est suffisant. Ce processus négligé pourrait techniquement avoir un effet mineur, mais n'est rien comparativement aux vastes possibilités de protection spirituelle et d'amplification de l'énergie qu'il est possible d'obtenir. Une implication plus approfondie de votre part pourra vous apporter énormément plus de résultats bénéfiques.

Le procédé suivant est utilisé pour ancrer les effets protecteurs et amplificateurs de l'esprit collectif de la Chevalerie Mystique sur vous-même ainsi que votre environnement immédiat. Il faudra plus que quelques minutes afin de créer un lien suffisamment fort et acquérir les effets bénéfiques, et cela sert de filtre pour les gens manquant de sincérité ou de discipline; ces gens ne profiteront pas de l'énergie de l'esprit collectif de la Chevalerie. Seuls les gens persévérants assureront des résultats efficaces pour tous. L'utilisation de ce rituel de méditation ne remplacera pas votre propre sens des responsabilités dans votre vie quotidienne. Elle supportera chacun des gestes que ous posez et vous défendra contre des influences extérieures indésirables.

Tout d'abord, imprimez le sigle du Chevalier Mystique, disponible sur le site web. Vous l'utiliserez comme image pour vous concentrer. L'effet de ce rituel sera plus prononcé si vous avez également fait le processus de méditation ci-haut. Faites-le chaque fois que vous avez besoin de protection ou de support spirituel. Il demeurera actif pendant quelque temps après la pratique elle-même, et avec le temps, l'effet sera permanent.

Avant que vous ne commenciez le processus, choisissez-vous un nom symbolique en tant que Chevalier Mystique, composé de deux noms, comme un prénom et un nom, qui vous représentera en action. Cela ne devrait pas être votre nom d'utilisateur de la Chevalerie à moins que cela ne vous représente réellement en tant que Chevalier de force et de justice. Cela ne devrait pas être votre véritable nom spirituel, mais un nom symbolique composé de qualifications auxquelles vous aspirez. Par exemple, le nom de Chevalier Mystique de François Lépine est Geburah Tzedek, ce qui signifie Force-Justice (ou Justice Sévère) en Hébreux. Votre nom pourrait ressembler à Sabre de Foudre, Rocher Humble, Bouclier de Valeur, etc. quelque soit la manière dont vous voulez personnaliser votre représentation de la force et de la justice. Cependant, vous ne devriez pas utiliser de nom tel Tête de Mamouth Broyeur d'Os, puisque briser des os n'est pas une application de justice, mais de colère. Choisissez un nom qui vous convient en tant que Chevalier Mystique.

Pendant que vous vous choisissez un nom de Chevalier Mystique, choisissez également une image vous représentant avec un bouclier brillant dans votre main gauche et un sabre enflammé dans votre main droite. Les couleurs brillantes du bouclier et de la flamme du sabre devraient être symbolique, inspiré de façon similaire, ce qui dénotera votre différence et authenticité au sein de la Chevalerie Mystique. Essayez d'identifier votre apparence en entier. Les amateurs de tout ce qui est Oriental pourraient se représenter avec un sabre de samurai dans chaque main et une paire de bracelets dans chaque avant-bras. La chose importante est que le côté gauche protègera et le côté droit agira selon la volonté d'un Chevalier Mystique, avec compassion. Le bouclier est celui de la justice qui reflètera toute force spirituelle hostile vers l'envoyeur, provoquant ainsi la résolution de la leçon karmique pour l'envoyeur, plus rapidement que prévu, et de manière plus puissante. Le sabre de la main droite est un sabre de compassion, portant des coups qui libèrent de toute nuisance, attachement, poids inutile. Il n'est pas utilisé pour blesser, mais pour couper à travers toute limitation de nature animale et non vertueuse.

Toute cette préparation est la première composante du rituel, puisqu'il amplifie votre implication mentale, émotionnelle et spirituelle pendant le processus. N'hésitez pas à décorer votre armure et vos objets. Les femmes doivent se sentir confortable de porter des robes protectrices de beauté extrême, alors que les hommes sont encouragés à porter des armures pleines, ou des vêtements permettant des mouvements agiles. Laissez aller votre imagination, et représentez-vous dans une image que vous conserverez à partir de maintenant.

Le rituel

Asseoyez-vous confortablement, et placez l'image du sigle de sorte qu'il se trouve juste un peu au-dessus du niveau des yeux. Respirez profondément et détendez-vous pendant 2 minutes tout en regardant le sigle. Sur le sigle se trouvent 2 espaces blancs sous le cœur, à gauche et à droite. Dans l'espace blanc en bas à gauche, visualisez votre prénom et votre nom, afin que vous puissiez gagner en compassion et en force. Dans l'espace en bas à droite, visualisez votre nom symbolique de Chevalier Mystique, qui est l'effet combiné de la force et de la justice, le nom sous lequel vous participez activement au processus de protection, rectification et support.

Autodéfinition

Fermez vos yeux et visualisez-vous tel le Chevalier Mystique que vous êtes, assis dans la même position que vous êtes présentement. Vous êtes assis sur le sigle lui-même, tout le reste baignant dans le noir total. Voyez le sigle dessiné sur le plancher, approximativement 2 mètres de diamètre, avec la partie supérieure (humilité) derrière vous, et la partie inférieure (force) devant vous, ainsi la justice est à votre gauche et la compassion à votre droite. Vous êtes assis sur le cœur couronné de la vérité, et votre chakra de base au milieu du cœur. À chacune de vos inspirations, votre bouclier de gauche (ou vos bracelets) brille. À chacune de vos expirations, votre sabre de droite projette sa flamme encore plus haut. Le sigle brille légèrement, et le cœur central est rouge vif et brillant.

Plusieurs croient que la justice est un sabre utilisé pendant l'action, mais c'est un bouclier qui reflète le mal vers son origine, provoquant la manifestation de leçons karmiques. Plusieurs croient que la compassion est un bouclier, mais c'est un sabre qui transmute la douleur, la colère, le mal, le regret, la culpabilité, la tristesse… en leur forme véritable, les transmutant en amour et pardon inconditionnels.

Repirez et visualisez pendant quelques minutes. Révisez chacun des aspects de cette visualisation, un par un, afin de n'en oublier aucun. Pour une respiration, souvenez-vous que vous avez l'Humilité derrière vous. Pour une autre respiration, vous avez la force devant vous. La justice à votre gauche, la compassion à votre droite, et vous êtes assis sur le cœur couronné. La couronne de la vérité s'aligne avec votre coccyx et votre colonne vertébrale, et votre chakra de base est au centre du cœur. Votre nom d'humain est dans le coin droit devant vous, alors que votre nom de Chevalier Mystique est dans le coin gauche devant vous. Derrière vous se trouve la déclaration que vous êtes un Chevalier Mystique, et que vous avez un Cœur Couronné. Après avoir revu chacun de ces aspects, laissez l'image devenir entière, sans vous préoccuper d'oublier des parties ensuite. Plus vous faites ce rituel, plus l'image demeurera complète, se supportant elle-même.

L'invocation

Maintenant que vous vous êtes renforcé en tant que Chevalier Mystique, vous allez créer un lien spirituel avec d'autres membres de la Chevalerie. Dans votre visualisation spirituelle, tenez-vous debout de façon détendue. Votre respiration continue de faire alterner la brillance de votre bouclier et la flamme de votre sabre. Répétez-vous mentalement, en douceur, mais de manière décidée : « Chevaliers de la Chevalerie Mystique du Cœur Couronnée, j'invoque votre présence. » Visualisez immédiatement des apparitions dans la noirceur, des images floues d'autres Chevaliers de toutes formes et de toutes couleurs, chacun debout sur son sigle. N'accordez pas d'attention aux détails de leurs symboles ni de leurs noms. Conserver votre attention sur votre propre sigle et votre propre présence en tant que Chevalier Mystique. Respirez maintenant sachant que vous n'êtes pas seul. Cette partie du rituel invoque la présence énergétique de l'esprit/inconscient collectif de chaque Chevalier Mystique de notre Chevalerie, au niveau auquel il est entretenu, d'où les différents niveaux de clareté puisque tous les Chevaliers ne soutiennent pas leur aura en même temps. Parfois, vous verrez peut-être un faisceau de lumière blanche descendre sur un autre Chevalier. Il s'agit là de la prochaine partie du rituel.

La communion

La prochaine étape se fait en 30 secondes environ, et devrait être nourrie pendant environ 5 minutes. Pendant cette étape, tenez votre bouclier et votre sabre plus fermement pendant que vous vous répétez mentalement, avec une attitude puissante : « Sous Une Vérité » et visualisez un faisceau puissant de lumière blanche brillante descendant sur vous, entrant d'abord par votre tête, mais, puisque le faisceau est bien plus large que votre tête, entrant ensuite par tout votre corps, la circonférence étant si large qu'elle rempli la totalité du sigle en une aura blanche et brillante. Immédiatement, répétez-vous « Nous servons ! » alors qu'un faisceau de lumière blanche jaillit de l'aura du sigle pour atteindre un autre chevalier, qui le recevra. Simultanément, d'une direction aléatoire provenant d'un autre chevalier recevant également un faisceau de lumière blanche provenant d'en haut, un jet de lumière vous frappe, nourrissant votre propre aura encore davantage, ce qui fait en sorte qu'un autre faisceau émane de votre sigle/aura vers un autre chevalier, qui provoque un autre faisceau vers un autre chevalier, alors que vous ressentez un autre faisceau vous atteindre, provenant d'ailleurs et faisant émaner un autre faisceau... et ainsi de suite, de façon continue, jusqu'à ce que tous les Chevaliers que vous voyez reçoivent un jet de lumière provenant d'en haut, et que tous soient unis l'un à l'autre dans cette toile collective de lumière brillante de la Vérité. Nourrissez cette image mentale pendant environ cinq minutes. Vous êtes en collaboration et recevez la protection spirituelle et le support de toute la Chevalerie, tout en y contribuant vous-même. Les énergies ainsi échangées ne sont que la lumière blanche de la vérité qui provient d'en haut. Votre propre force vitale et énergie personnelle vous appartiennent, et il en est ainsi pour tous les autres Chevaliers.

Il est normal que la plupart des Chevaliers que vous voyez près de vous soient ceux qui ressemblent le plus à votre propre définition en tant que Chevalier Mystique. EN progressant dans la Chevalerie, vous verrez différentes images de Chevaliers, Ninjas, Sorciers, Prêtres, Moines, hommes et femmes, que vous n'aviez pas remarqués auparavant. Certains sont le fruit de votre imagination et d'autres sont de véritables perceptions d'autres membres de la Chevalerie, mais tous sont liés à un véritable Chevalier Mystique.

La liaison

Demeurez totalement détendu, mais serrez les mains, à la fois physiquement et mentalement, comme si vous teniez vos outils spirituels. Vous utiliserez maintenant votre volonté afin d'amener cette énergie dans votre réalité physique. Avec une intention forte, élevez vos mains (réelles et mentales) et inspirez fortement. Ouvrez vos yeux pendant que, en regardant le sol, vous ramenez vos mains près de votre corps, en tendant tout votre corps, vous expirez fortement en poussant ce son : « Hhhhhhhahahahahahahah !!! ». En une seule expiration, tendez vos abdominaux, jambes, bras, épaules, visage et volonté, amenant toutes les énergies mentales et spirituelles dans votre réalité physique. Votre mental est toujours en état de méditation, mais vos yeux sont ouverts à votre environnement physique pendant que vous maintenez la visualisation mentalement. À l'inspiration suivante, conservez le corps tendu avec énergie, et à la prochaine expiration, pendant que vous écartez les bras loin de vous, libérez toute cette énergie autour de vous, détendez les muscles et laissez l'énergie circuler librement. Le flot de lumière blanche est incessant, votre aura brille, vous sentirez peut-être un courant de lumière à l'intérieur de votre corps physique et autour de vous.

La première respiration amène les énergies spirituelles à votre corps physique, la seconde ouvre les portes afin de permettre à l'énergie de se diriger à l'extérieur. Il s'agit d'un processus qui ne se fait qu'une fois par rituel, afin de joindre les dimensions les unes aux autres, afin que le flot puisse se poursuivre de lui-même pendant un certain temps. Respirez fortement quelquefois, puis détendez-vous. Soyez attentif à l'énergie que vous ressentirez peut-être. Parlez à voix haute si vous le pouvez, murmurez si vous le devez, ou bougez simplement les lèvres en silence, mais récitez physiquement une déclaration en tant que Chevalier Mystique, vous décrivant vous-même ainsi que vos intentions. Cela devrait être un appel improvisé qui ressemble à « Je tiens le sabre de la compassion, transmutant et pardonnant toute douleur; je tiens le bouclier de la justice, repoussant tout mal ; l'humilité supporte mes arrières, la force est à mes pieds; je suis un Chevalier Mystique et je me déclare comme tel en vérité, pour servir, pour le bien de toute l'humanité. »

Les énergies de la Chevalerie Mystique sont maintenant disponibles à votre expérience de vie. Ce processus puissant sera requis de temps à autre, afin de renforcer les liens entre la Chevalerie spirituelle et votre réalité physique. Remarquez que lorsque vous ouvrez vos mains, vos outils, votre bouclier et sabre demeure dans vos mains, jointes à vos paumes. Ils sont l'extension spirituelle de vos bras. Lorsque vous avez terminé le rituel en entier, ils emmagasinent leurs propres formes symboliques dans votre être spirituel, et seules leurs énergies continuent de circuler autour de vous.

La salutation

Fermez vos yeux une fois de plus et détendez-vous complètement. Faites une visualisation de manière continue et n'y investissez pas davantage d'énergie. La situation finale n'est pas exigée, mais c'est une bénédiction transmise à chacun des autres Chevaliera. Détendez-vous et laissez-vous baigner dans cette méditation aussi longtemps que vous le souhaitez.

La détente finale est très importante afin que l'intense énergie invoquée n'endommage pas votre système nerveux. C'est un peu comme un exercice physique très exigeant à la fin duquel vous laissez vos muscles récupérer. Lorsque vous vous exercez physiquement avec vigueur, la douleur musculaire que vous ressentez n'est en fait que des microdommages subis par vos muscles, qui vont récupérer et se reconstruire afin que vous deveniez encore plus fort. Si vous ne récupérez pas mentalement après un tel rituel, les dommages faits à votre système nerveux ne pourront pas se réparer de manière optimale afin que vous puissiez devenir mentalement et spirituellement plus fort.

Buvez de l'eau et mangez un peu, si vous le pouvez, immédiatement après le rituel.

Nous vous invitons à afficher votre nom de Chevalier Mystique ainsi que votre description (ou une illustration) de votre forme de Chevalier Mystique dans le forum des membres, sur le site web.

Hiérarchie et avancement

Plus un chevalier progresse au sein de la Chevalier, plus il/elle devrait être au service de ceux qui sont moins expérimentés. Les titres existent pour des fins de reconnaissance et non pas d'autorité. Les autorités de la Chevalerie Mystique sont le Premier Chevalier et le Premier Prêtre, avec des droits se limitant à la gestion des opérations de la Chevalerie. Cette organisation n'encourage pas l'élitisme ni le sectarisme. Tous les membres doivent demeurer libres d'agir selon leur volonté dans chaque situation. Nous endossons la maîtrise de soi et la liberté.

La progression au sein de la Chevalerie se fait avec patience et détermination. Les membres doivent s'entraîner par eux-mêmes et partager leur savoir en groupe, lorsque possible. Il faut environ deux ans pour passer de novice à chevalier, à moins d'avoir eu un entraînement préalable dans des sphères spécifiques. Les membres doivent réussir leur évaluation afin d'avancer au niveau suivant. Chaque spécialisation requiert plusieurs années à atteindre, mais nous mènerons des évaluations après une année d'entraînement dans chacune, reconnaissant ceux qui avaient déjà un certain niveau de compétence avant de participer à la Chevalerie. Obtenir deux spécialisations accordera également un titre supplémentaire au sein de la chevalerie. Le titre de « Maître de la Chevalerie Mystique » est accordé aux membres ayant trois spécialisations.

L'entraînement aux arts martiaux devrait être fait par chaque membre individuellement dans une école d'arts martiaux de leur choix. Pour cet aspect, la Chevalerie ne peut pas fournir suffisamment d'entraînement en ligne, et les arts martiaux s'apprennent de façon optimale directement d'un maître compétent. Votre certification en arts martiaux ou duplicata de reçu servira de preuve de votre évaluation de cet aspect. Toutefois, il n'est pas obligatoire d'être un expert en arts martiaux afin de devenir un membre de notre chevalerie et de progresser. Exercez-vous à votre propre rythme.

Invités : Visitez le site web pour vous familiariser avec la Chevalerie.

Novice : Commencez avec la connaissance de base de la Chevalerie, intégrant la connaissance et les pratiques de chacun des aspects : corps, mental et esprit.

Apprenti : Pour devenir un apprenti, vous devez démontrer un certain niveau de compréhension du Code. En tant qu'apprenti, vous progresserez dans tous les aspects de l'entraînement de la Chevalerie.

Adepte : Pour devenir un adepte, vous devez démontrer une grande intégration du Code dans votre comportement quotidien. En tant qu'adepte, vous serez encouragé à sélectionner un champ de prédilection entre le corps, le mental et l'esprit.

Chevalier : Pour devenir Chevalier, vous devrez prouver que vous avez intégré le Code dans votre comportement quotidien, et vous devrez démontrer votre compétence dans les domaines d'entraînement que vous avez sélectionnés en tant qu'adepte. Votre titre de Chevalier peut être suspendu si vous agissez de manière à contrevenir totalement contre le Code.

Protecteur : Les Chevaliers qui ont prouvé leurs compétences en arts martiaux.

Spécialiste : Les Chevaliers qui ont fait leurs preuves en entraînement mental ou en connaissance académique.

Prêtre : Les Chevaliers qui démontrent une grande profondeur spirituelle et qui démontrent leur compétence dans les processus de rituels.

Serviteur : Les Chevaliers qui ont démontré leur implication au service de la communauté.

Il existe des titres spéciaux donnés à ceux qui ont développé plus d'une compétence :

Gardien	Protecteur + Spécialiste
Clerc	Protecteur + Prêtre
Défenseur	Protecteur + Serviteur
Sage	Spécialiste + Prêtre
Guide	Spécialiste + Serviteur
Ministre	Prêtre + Serviteur
Maître *	3 spécialisations

Le titre de « Maître » fait référence à sa propre maîtrise de soi, et n'accorde aucune autorité envers qui que ce soit. L'autorité de la Chevalerie est réservée aux Premiers Chevaliers et Premiers Prêtres, et cette autorité se limite à la gestion des opérations de la Chevalerie. Nous sommes tous des gens libres.

Cellules et endroits de rencontre

Les cellules de la Chevalerie Mystique sont des endroits où plusieurs membres de la Chevalerie décident de se rencontrer. Sans être secrètes, ces rencontres devraient avoir un certain degré de confidentialité, comme n'importe quel autre environnement d'étude. Cela peut prendre la forme d'une rencontre sporadique dans la salle de séjour d'un membre de la Chevalerie ou d'une rencontre officielle et bien organisée dans un endroit prévu à cette fin.

Afin d'assurer la qualité des enseignements et des entraînements, seuls les Chevaliers attitrés peuvent maintenir une affiliation à la Chevalerie Mystique dans un endroit officiel. Cependant, nous sommes tous libres, et tous peuvent créer un groupe d'études. Ainsi, nous n'avons de réserve que pour l'affirmation d'affiliation avec la Chevalerie Mystique du Cœur Couronné. Les membres sont invités à organiser leurs propres rencontres selon les règles suivantes.

Une certification en tant que Chevalier permet au membre de transmettre aux autres membres et non-membres (invités) la connaissance pertinente à leur niveau dans la Chevalerie Mystique. Lorsqu'un invité désire devenir membre de la Chevalerie Mystique, vous pouvez les assister dans leur entraînement jusqu'à ce qu'ils atteignent le niveau de Chevalier. Un nouveau membre commence habituellement son entraînement au niveau novice. Si le nouveau membre possède déjà une certaine expérience dans les arts physiques, mentaux, spirituels ou martiaux, ils peuvent alors obtenir de facto le titre d'apprenti. Dans de rares occasions, un membre peut commencer au niveau adepte, s'il/elle démontre une certaine compétence dans la plupart des champs d'entraînement, et possède au moins 5 ans d'expérience spirituelle. Le titre de Chevalier n'est jamais donné au début, peu importe la raison.

Un Chevalier présente la connaissance de la Chevalerie Mystique à leur classe, adaptée à leur propre expérience, et respectant le fait que tous les étudiants fassent de même. Nous ne croyons pas au contrôle des croyances de nos membres, bien qu'un étudiant faisant preuve d'improvisation aura de la difficulté à progresser au sein de la Chevalerie ; il est également important de respecter l'expérience et la sagesse des membres plus anciens.

La connaissance devant être apprise à partir du niveau de Chevalier doit être transmise par un Chevalier plus expérimenté, ou par soi-même, selon le plan d'entraînement de la Chevalerie. Souvenez-vous que la Chevalerie Mystique ne donne pas tout l'entraînement, mais indique un plan d'entraînement pour chaque membre afin d'acquérir la connaissance par leurs propres moyens, jusqu'à ce que suffisamment de cellules soient établies. Une cellule menée par un Prêtre Chevalier peut ne pas être en mesure de fournir de l'entraînement en art martial, et à l'inverse, une cellule ayant à sa tête un Chevalier Protecteur peut ne pas pouvoir fournir d'entraînement spirituel. La connaissance, l'expérience et la guidance doivent être acquises là où elles sont disponibles.

Il n'est pas nécessaire pour un Chevalier de la Chevalerie Mystique de montrer publiquement leur affiliation à la Chevalerie, peu importe la situation. Cela est seulement nécessaire lors des activités tenues au nom de la Chevalerie. Plusieurs enseignants continueront simplement à enseigner leur connaissance comme ils le faisaient avant, n'impliquant même pas la Chevalerie Mystique.

Un Chevalier peut remplir l'application en ligne d'un autre membre qui n'est pas confortable avec l'Internet. Les avancements au sein de la Chevalerie peuvent être demandés directement à la Chevalerie, par courriel, lorsque le membre ne participe pas à une cellule locale ou à un groupe d'étude. Les membres d'un groupe d'étude devraient demander leurs grades au Chevalier président la cellule ou groupe d'étude.

Les cellules ou groupes d'études ne peuvent être organisés que par des Chevaliers. Si des frais sont encourus par l'organisation de l'activité, le Chevalier qui préside le groupe peut demander des frais raisonnables pour couvrir les dépenses. Lorsqu'un Chevalier enseigne, ces frais peuvent couvrir une rémunération raisonnable pour le Chevalier, en échange de l'entraînement, ou en échange d'un service. Ces frais doivent être administrés et conservés par le Chevalier président le groupe. Les frais doivent comporter un échange et ne devraient pas être chargés si aucun entraînement n'est donné ou si aucun service n'est rendu.

Les nouveaux membres doivent payer leur frais de membre à vie (10 $) au Chevalier président, qui remettra la somme entière à la Chevalerie Mystique. Ces frais seront divisés entre le Chevalier président (pour ses enseignements et évaluations) et la Chevalerie Mystique (pour gestion et certification).

Chaque membre, peu importe le niveau, doit pouvoir contacter la Chevalerie directement au moyen du site web, si tel est son désir. Les membres n'appartiennent pas aux Chevaliers, et une relation enseignant-étudiant doit être fondée sur la confiance. Nous sommes tous des gens libres étudiant ensemble pour le bien de tous.

Vous pouvez voir une liste des cellules et groupes d'études actifs sur le site web.

Termes et Conditions

Implications légales

Les lois de votre pays priment toujours sur le Code de la Chevalerie. Le Code est une étique suggérée, et bien qu'obligatoire pour progresser au sein de la Chevalerie, les lois de votre pays auront toujours préséance sur lui.

Votre participation à la Chevalerie Mystique peut être modifiée ou avortée en tout temps si nous croyons que vous avez agi de manière à nuire à un autre membre, ou si vos actions entachent la crédibilité de la Chevalerie.

Vous pouvez cesser votre participation à la Chevalerie en tout temps. Vous n'avez qu'à nous contacter.

Aucun fond investi dans la Chevalerie n'est remboursable.

Santé et limites physiques

Si vous avez une limitation ou un handicap physique quelconque, veuillez être prudent dans votre entraînement. Nous ne souhaitons aucunement que quelque membre que ce soit ne souffre de l'entraînement physique que nous suggérons.

De nos jours, il n'est pas absolument nécessaire de participer dans un entraînement physique intense afin de progresser au sein de la Chevalerie. Plusieurs autres aspects peuvent être travaillés : mental, spirituel et social. Tant que vous faites de votre mieux, nous considérerons vos limitations physiques lors de l'évaluation de vos demandes de grade.

La Chevalerie Mystique au Coeur Couronné ne peut être tenue responsable si vous outrepassez ce qui est raisonnable pour votre santé. Dans le doute, consultez un médecin.

Pour plus d'information à propos de la Chevalerie Mystique au Cœur Couronné, visitez www.MysticKnight.org .

Un Chevalier Mystique au Cœur Couronné

Guide pratique du Guerrier Spirituel

Publié par « La Chevalerie Mystique du Cœur Couronné »

En collaboration avec F.Lepine Publishing

http://www.MysticKnight.org

Édition 2008

ISBN 978-0-9810613-0-6

www.ingramcontent.com/pod-product-compliance
Lightning Source LLC
Chambersburg PA
CBHW070940230426
43666CB00011B/2502